Un regalo de

Max y Lucas

para

Mrs. Charito

30/sept/2010

D1592736

Mi Primer
Larousse de los
¿CÓMO SE HACE?

Mrs. Charito
30/sept/2010

ILUSTRACIONES

Nathalie **Desforges**

Clément **Devaux**

Éric **Gasté**

Claire **de Gastold**

Pascal **Gindre**

Émilie **Harel**

Camille **Jourdy**

Marine **Ludin**

Sandrine **Martin**

Marie **Michel**

Marion **Montaigne**

Clémence **Paldacci**

Pronto

Mickaël **Sterckeman**

EDICIÓN ORIGINAL

Redacción: Françoise **de Guibert**

Dirección artística: Frédéric **Houssin** y Cédric **Ramadier**

Diseño gráfico y realización: **DOUBLE**

Dirección editorial: Françoise **Vibert-Guigue**

Edición: Brigitte **Bouhet**

Dirección de la publicación: Isabelle **Jeuge-Maynart**

EDICIÓN EN ESPAÑOL

Dirección editorial: Tomás **García** y Jordi **Induráin Pons**

Edición: Amalia **Estrada** y Àngels **Casanovas**

Portada: **Ediciones Larousse** con la colaboración de **Pacto Publicidad, S.A. de C.V.**

Cubierta: Francesc **Sala**

Traducción: **Ediciones Larousse** con la colaboración de Mónica **Portnoy**

Título original: Mon Premier Larousse des COMMENT C'EST FAIT?

© MMVIII Larousse
21, rue du Montpartnasse 75 006 París

D. R. © MMVIII Ediciones Larousse, S. A. de C.V.
Londres 247, México 06600, D. F.

© 2008 LAROUSSE EDITORIAL, S. L.
Mallorca 45, 3.a planta - 08029 Barcelona

ISBN - 978-970-22-2205-7 (México)
ISBN - 978-84-8016-852-6 (España)

Impreso en Malaysia - Printed in Malaysia

Mi Primer
Larousse de los
¿CÓMO SE HACE?

LAROUSSE

SUMARIO

¿De dónde procede la sal?

¿Cómo se elaboran los *corn flakes*?

¿Las vacas dan leche todos los días?

¿Qué es una mandarina clementina?

¿Es cierto que las verduras son buenas para la salud?

¿De dónde proceden los huevos?

¿Cómo se elaboran los caramelos?

¿Cómo se hacen los alimentos?

Preguntas 1 a 58

La harina y el pan

Para obtener la harina para pan, se cultiva un tipo de trigo llamado "trigo candeal".

1

En el campo...

❶ En otoño, se siembran los granos. Las semillas germinan en la tierra.

❷ La planta crece y se forma una espiga. En junio (en las zonas templadas), el trigo está maduro.

❸ El agricultor recoge la cosecha. La segadora-trilladora corta el trigo y separa las espigas de la paja.

2

En la harinera...

❹ En la fábrica harinera se pasan los granos de trigo entre los dientes de dos cilindros gigantescos que quitan las cáscaras de los granos.

❺ El grano se muele para obtener harina. Luego, la harina se pasa por varios tamices cada vez más finos.

harina

En la panadería...

❻ En la amasadora, el panadero mezcla la harina de trigo con agua, sal y levadura para preparar la masa. Después, la deja reposar.

❼ Cuando la masa ha crecido, el panadero la divide en pedazos pequeños, que se convertirán en pan. Les da forma: larga si es para las baguettes, redonda para panecillos, o en forma de corona… y los deja reposar.

❽ Después de varias horas, los pedazos de masa triplican su volumen. El panadero los introduce en el horno y los pone a cocer. Se forma la corteza y toma su color dorado.

❾ Cuando el pan se ha cocido, el panadero lo retira del horno. Si está muy caliente, es muy frágil. Una vez frío, se lleva a la panadería para su venta.

3

¿Lo sabías?
Deméter es la diosa griega del trigo. Un día, el dios de los infiernos raptó a su hija Perséfone y se la llevó al mundo que está bajo tierra. Deméter impidió que las semillas germinaran. ¡El hambre cundió por todos lados! Zeus, el dios de los dioses, devolvió a Perséfone y Deméter cubrió todas las llanuras de trigo.

LOS ALIMENTOS

Las galletas, los cereales y las pastas

4

¿Cómo se hacen las galletas?

➥ Se mezclan varios ingredientes: harina, alguna materia grasa (mantequilla, aceite), azúcar y huevos. En la fábrica, la masa se extiende sobre una cinta transportadora y luego se corta automáticamente según la forma deseada. Después, se introducen en un horno gigantesco parecido a un túnel donde se cuecen en unos minutos. Después, salen por el otro lado del túnel.

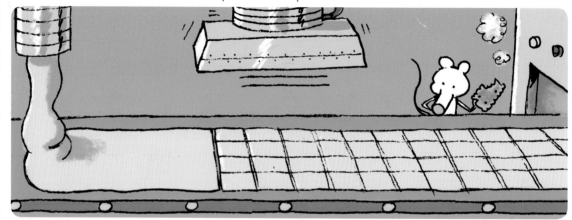

5

¿Cómo se hacen las pastas?

➥ Las pastas se elaboran con una clase especial de trigo, el trigo duro. Cuando se muelen, los granos de trigo duro no se convierten en harina sino en sémola, que se mezcla con agua. La masa se aplana y luego se corta para hacer tagliatelis o lasañas. La masa también puede pasarse por una placa con orificios para hacer espaguetis o macarrones.

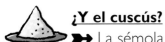

¿Y el cuscús?

➤ La sémola del cuscús también procede del trigo duro. Se mezcla con agua y se trabaja en bolitas: los granos del cuscús.

Se cuecen al vapor y luego se seleccionan según su tamaño. Tradicionalmente, en los países del norte de África, las mujeres del pueblo se reúnen durante varios días para hacer el cuscús. Las bolitas resultantes se hacen a mano y se secan al sol.

6

¿Cómo se elaboran los corn flakes?

➤ Los *corn flakes* se elaboran con granos de maíz que se cuecen y luego se aplanan con unos cilindros que les dan su forma de pétalos. A esa etapa le sigue el tostado que se realiza a temperaturas muy altas en hornos gigantes. Luego, los copos pueden bañarse con azúcar, chocolate, miel… Los cereales se meten en bolsas y, por último, en cajas de cartón.

7

¿Lo sabías?
Se dice que las primeras galletas se hicieron por equivocación porque las hornearon dos veces. Cuando los marinos partían a sus largas travesías, necesitaban un alimento que se conservara durante mucho tiempo y que no ocupara demasiado espacio. La "galleta de mar" era muy grande y se cocía dos veces, un mes antes de zarpar.

LOS ALIMENTOS

El azúcar

¿De dónde procede el azúcar?

8

➤➤ Para desarrollarse, casi todas las plantas producen azúcar de manera natural. El azúcar puede encontrarse en las frutas, los tallos, las raíces y las hojas. Por otra parte, el azúcar no se elabora del mismo modo que el pan. De hecho, los ingenios azucareros únicamente separan el azúcar de los demás elementos de la planta.

9

¡EL SIGUIENTE!

¿Cómo se obtiene el azúcar?

➤➤ Se obtiene a través de dos plantas: la remolacha azucarera de Europa, y la caña de azúcar de los países tropicales. Se utilizan la raíz de la remolacha y el tallo de la caña de azúcar. Al cortarlos y triturarlos, se obtiene un jarabe azucarado que se cuece hasta que se formen cristales.

¿Es cierto que existen árboles de azúcar?

10

➡ En Canadá se cultivan arces. En primavera, se hace un pequeño agujero en el tronco del árbol para que el líquido del arce pueda escurrir. Cuando se calienta, se elabora un jarabe dulce: la miel de maple. Si sigue calentándose se obtiene azúcar sólido.

¿Cómo hacen las abejas miel a partir de las flores?

11

➡ Las abejas vuelan de flor en flor para libar el néctar, un jugo muy dulce que se encuentra en las flores. Las abejas transportan el néctar hasta la colmena, lo mezclan con su saliva y luego lo almacenan en los alvéolos de los panales. Cuando el apicultor recoge la miel, deja una parte en las colmenas para que las abejas puedan alimentarse durante el invierno.

¡Se trata de mezclarla, no de comérsela!

¿Lo sabías?
Para obtener un kilo de miel, las abejas tuvieron que trabajar durante 200 días. Recorrieron 40 000 km y libaron alrededor de 800 000 flores. ¡Qué agotador!

LOS ALIMENTOS

Los caramelos

12

¿Cómo se elaboran los caramelos?

➡ Actualmente, los caramelos se elaboran en fábricas a partir de una mezcla de azúcar y agua. Para darles color, se agregan colorantes; para darles sabor, se añaden saborizantes (chocolate, fresa, menta). La pasta para caramelos se cuece en un horno; cuanto más caliente esté, más duros serán. Una vez fuera del horno, la pasta se vierte en moldes para obtener caramelos cuadrados, redondos o con forma de animalitos.

¿Por qué los caramelos son malos para los dientes?

➤ Los caramelos contienen un 95% de azúcar. En los dientes hay unas bacterias que se alimentan de azúcar y producen un ácido, el ácido láctico, que ataca al diente. Si comes caramelos todo el día, las bacterias se desarrollarán, secretarán ácido láctico continuamente, y correrás el gran riesgo de tener caries.

¿Es verdad que en la antigüedad no existían?

➤ Los primeros caramelos se reservaron para la mesa de los reyes. Se hacían a base de miel y de especias, y se servían al final de la comida en copas de oro o de plata. Tenían fama de facilitar la digestión.

¿Es peligroso tragarse un chicle?

➤ Cuando alguien se traga un chicle, éste no se disuelve en el estómago como sucede con un caramelo. Permanece entero y se expulsa del cuerpo con los demás desechos de la digestión en los excrementos. No es peligroso, a menos que te tragues muchos. Por esta razón, no hay que darles chicles a los bebés.

¿Lo sabías?
Los antiguos mexicanos tenían la costumbre de mascar bolitas de goma, hechas a partir de una savia producida por un árbol de la selva virgen. Hoy en día, el chicle se elabora artificialmente y no se disuelve en agua ni en la saliva. Contiene el mismo tipo de caucho que se utiliza en los neumáticos.

LOS ALIMENTOS

El chocolate

16

En la selva tropical

❶ Los árboles de cacao se cultivan en las selvas tropicales cálidas y húmedas. La flor amarilla se transforma en mazorca de cacao.

❷ Los campesinos recogen las mazorcas. Las cortan por la mitad con un cuchillo grande para extraer las vainas de cacao, que se limpian y se colocan en sacos de yute. Luego, se transportan por barco a las fábricas de chocolate de Europa.

En la fábrica de chocolate

17

❸ Las vainas se tuestan en hornos a 120 °C. Posteriormente, se trituran en pedazos pequeños que luego se muelen hasta obtener una pasta líquida: la pasta de cacao.

La tableta de chocolate

❹ Para elaborar chocolate comestible, la pasta de cacao se mezcla con azúcar y se calienta todo ligeramente. La pasta se vierte en moldes y se deja enfriar. Para el chocolate con leche, se agrega leche a la mezcla de la pasta de cacao y azúcar.

❺ En seguida, se desmoldan las tabletas y se envuelven primero en papel de aluminio para protegerlas, y luego, en el papel que lleva el nombre de la marca.

El chocolate en polvo

❻ Para hacer chocolate en polvo, hay que prensar la pasta para separar la manteca de cacao.

❼ Lo que queda de la pasta se pasa por un molinillo para pulverizarlo. El chocolate en polvo se introduce en cajas, latas o bolsas para comercializarlo.

¿Lo sabías?
El cacao era utilizado por los aztecas para elaborar una bebida amarga que se reservaba a los príncipes y sacerdotes. El conquistador Cortés fue el primero en llevar las vainas de cacao a España, en 1527. El chocolate se puso de moda en las cortes de los reyes de Europa. Se disuelve en agua, en leche o en vino.

LOS ALIMENTOS

Las frutas

20

¿Todas las frutas crecen en los árboles?

➤➤ Muchas frutas crecen en los árboles, sin embargo, las fresas, las frambuesas, las moras o zarzamoras, no. Son bayas que se desarrollan en plantas que crecen al ras del suelo. Los plátanos, que proceden de los trópicos, son los frutos de la hierba más grande del mundo.

21

¿Pepitas o huesos?

➤➤ En todas las frutas se encuentran las semillas de la planta. Algunas contienen varios granos pequeños encerrados en las pepitas. Otras protegen su semilla con una cáscara dura: el hueso. Las manzanas, las peras, el melón y el limón tienen pepitas o semillas. La cereza, la ciruela y el melocotón tienen huesos. Si nadie la recoge, la fruta cae al suelo, donde termina pudriéndose. A partir de la semilla se desarrolla una nueva planta que sale de la pepita o del hueso. Pero no te preocupes, si te tragas un hueso, ¡la planta no crecerá dentro de ti!

¿De dónde proceden las frutas?

➠ En Europa no crecen los plátanos, se importan de los países cálidos por barco o por avión. La cereza suele cultivarse en Europa, aunque sólo a finales de la primavera. Para tenerlas en invierno, se importan de muy lejos. Pero, ¡cuidado! Todos esos viajes para transportar alimentos contaminan el planeta.

¿Qué son las mandarinas clementinas?

➠ La mandarina clementina fue inventada por el padre Clemente, de quien obtuvo su nombre. Se trata de un cruce entre la mandarina, que originalmente crecía en China, y la naranja amarga. La mandarina y la clementina se parecen bastante. ¿Cómo distinguirlas? La mandarina está llena de pepitas; la clementina no tiene ninguna.

¿Lo sabías?
En algunas tiendas, venden las manzanas en bolsas de plástico. ■ Cuando se come, queda el corazón de la manzana y la bolsa. El corazón se pudrirá, pero la naturaleza no sabe cómo eliminar los plásticos, así que la bolsa permanecerá ¡hasta quién sabe cuándo!

LOS ALIMENTOS

Las verduras y las frutas

24

¿Qué es una verdura?

➡ Es una planta que se cultiva para comer. Se comen las hojas de la lechuga, las espinacas y las habas, o incluso los tallos de los espárragos. A veces, hasta las flores de las verduras (como las alcachofas, la coliflor) o sus raíces (como la zanahoria).

26

El tomate, ¿también es una verdura?

➡ ¡Sí y no! Es una fruta-verdura que se come como verdura pero los botánicos, es decir, los especialistas en plantas, lo consideran un fruto. Éste es también el caso de la berenjena, el calabacín, el aguacate, el pepino, los pepinillos, la calabaza o el melón.

¿De dónde vienen las verduras?

➡ Muchas se descubrieron en otros países: el hinojo procede de Italia; los tomates, del continente americano; los garbanzos, de la India.

Además, se crean nuevas variedades en los laboratorios. Al cruzar dos variedades de tomate, se obtiene otra que se conserva mejor y es un poco más dulce.

¿Es cierto que las verduras son buenas para la salud?

➤➤ Las verduras contienen vitaminas y minerales importantes para nuestra salud. Sin embargo, todo depende de la manera de prepararlas. Las papas o patatas fritas, que se elaboran con aceite, contienen mucha grasa y mucha sal.

¿Quién planta las coles?

➤➤ En otros tiempos, en el campo, cada familia tenía un huerto y cultivaba sus propias verduras. En la actualidad, la mayoría de las veces, las verduras se compran en el mercado o en el supermercado. Los horticultores las cultivan en grandes cantidades y luego las envían en camiones a los vendedores.

¿Lo sabías?

Para obtener plantas realmente resistentes a las plagas o para impedir que maduren muy rápido después de haberlas cosechado, los científicos modificaron sus genes. Sin embargo, muchos piensan que los organismos genéticamente modificados (o transgénicos), son peligrosos para la salud.

LOS ALIMENTOS

La sal

29

¿De dónde procede la sal?

❶ La sal se encuentra en el suelo, en los peñascos y en las piedras, y también en el mar. El agua de los ríos se carga de sal y va a desembocar al mar. El agua del mar es muy salada porque la sal no se evapora.

❷ Las salinas se construyen cerca de las costas. Se trata de estanques de poca profundidad protegidos del océano mediante un dique.

30

En las salinas

❸ Dos veces al mes el agua del mar entra en las salinas, cuando se producen las grandes mareas.

❹ El agua de mar se conduce por una especie de laberinto compuesto por pequeños estanques. Se evapora poco a poco y la concentración de sal aumenta.

❺ Al cabo de poco tiempo, la sal se cristaliza. La superficie de los estanques se cubre de una película de sal: la "flor de sal". La sal gruesa se acumula en el fondo.

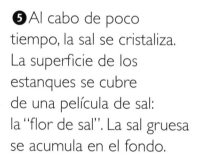

Un método artesanal

6 En algunas marismas, la sal se recoge igual que antaño: el salinero utiliza una especie de rastrillo grande de madera para poder agruparla. Se trata de sal de muy buena calidad.

7 Pero la mayoría de las veces, la sal se extrae de manera industrial con máquinas.

8 La sal recogida se deja secar y luego se vierte en recipientes.

¿Lo sabías?
En las marismas se recoge la sal de mar, que es la que se utiliza para cocinar. Muy lejos del mar, la sal se encuentra en galerías subterráneas. Se denomina "sal gema" y se utiliza para quitar la nieve de los caminos en el invierno.

LOS ALIMENTOS

LOS ALIMENTOS

El arroz

El arroz, un cereal de Asia

32

El arroz es el cereal que más se consume en el mundo. En los países asiáticos, como China o Vietnam, constituye el alimento principal, como el trigo en el caso de los países europeos.

33

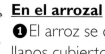

En el arrozal

❶ El arroz se cultiva en llanos cubiertos de agua: los arrozales. El clima cálido y húmedo es ideal para el cultivo del arroz.

❷ Antes de plantar el arroz, debe prepararse el terreno. Primero, la tierra se trabaja con un arado. Luego, se inunda y es pisoteada por bueyes o búfalos para romper los terrones grandes de tierra.

❸ Cuando el suelo está bien llano, los brotes jóvenes de arroz se plantan a mano, alineados unos junto a otros en el arrozal. Es un trabajo muy largo y cansado que generalmente realizan las mujeres.

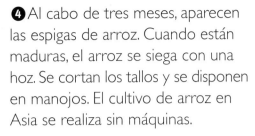

❹ Al cabo de tres meses, aparecen las espigas de arroz. Cuando están maduras, el arroz se siega con una hoz. Se cortan los tallos y se disponen en manojos. El cultivo de arroz en Asia se realiza sin máquinas.

34

❺ Una vez cosechadas las espigas, se extraen los granos de arroz. La paja se usa para alimentar a los bueyes. Los granos se separan y se ponen a secar en canastas grandes.

❻ Cuando se cosechan, los granos de arroz están envueltos en una cáscara dura. Para que puedan consumirse, hay que quitarles esa cubierta y limpiarlos.

❼ ¿Cómo se hace el arroz blanco?

➽ El arroz integral está rodeado de una capa delgada que debe retirarse para obtener arroz blanco. Por esta razón, los granos se pasan entre unas ruedas que extraen dicha capa.

35

¿Lo sabías?
El arroz no sólo es un cereal de los países de Asia, también se cultiva en España. Sin embargo, en este caso se obtiene una sola cosecha anual en lugar de las 3 o 4 que consiguen en los países de Asia, América y África.

LOS ALIMENTOS

Jamón, huevos y pescado congelado

36

¿Cómo se hace el jamón?

➤ Se hace con la carne de la pierna del cerdo. Para obtener jamón cocido o jamón tipo York, se quitan el hueso y la piel. La carne se sala y se cuece. El jamón cocido se vende, en general, en las tiendas de ultramarinos o en el supermercado. También puede elaborarse jamón crudo que se conserva durante más tiempo.

37

¿Por qué el jamón crudo se conserva más tiempo?

➤ Para hacer jamón crudo, la carne se deja con el hueso y se pone a secar después de haberla cubierto de sal. Desde hace siglos, los humanos utilizan la sal para conservar la carne o el pescado. El azúcar también sirve para eso. Gracias a él, las mermeladas se conservan durante más tiempo.

38

¿De dónde proceden los huevos?

➤ Naturalmente, las que ponen huevos son las gallinas. Pero, para conseguir una producción mayor, los avicultores tuvieron la idea de reunir muchas gallinas en jaulas, dentro de un corral. Para estimular la puesta de huevos, los corrales se alumbran noche y día, y los huevos caen directamente a cintas transportadoras.

Entonces, ¿las gallinas no son felices?

➤➤ Es difícil saber lo que siente una gallina… pero a menudo se ha demostrado que las aves de criaderos industriales viven en malas condiciones. Algunos avicultores ofrecen huevos de gallinas que crecieron al aire libre o que han sido alimentadas con comida orgánica. Éstos son más caros pero, quizá sean mejores para la salud.

39

¿De dónde viene el pescado congelado?

➤➤ Todo el pescado que se compra procede tanto de la pesca directa en el mar como de piscifactorías. El pescado congelado se elabora con peces, se prepara en los grandes barcos frigoríficos que lo pescan, lo cocinan y lo congelan.

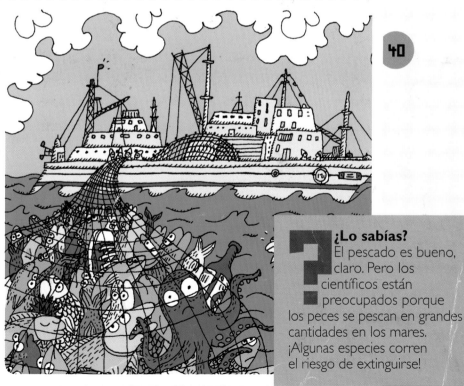

40

¿Lo sabías?
El pescado es bueno, claro. Pero los científicos están preocupados porque los peces se pescan en grandes cantidades en los mares. ¡Algunas especies corren el riesgo de extinguirse!

LOS ALIMENTOS

La leche

41

¿Todas las vacas producen leche?

➤➤ Para producir leche, la vaca necesita dar a luz a un ternero. La leche aparecerá de manera natural para alimentarlo; entonces, el granjero podrá ordeñarla. Para seguir dando leche, la vaca deberá tener un ternerito cada año.

42

¿Las vacas dan leche todos los días?

➤➤ Sí, el granjero debe ordeñarlas dos veces al día, por la mañana y por la noche. Las vacas también se ordeñan con una máquina eléctrica, la ordeñadora, que el granjero les engancha en la ubre. La leche que se ordeña está a una temperatura de 37 °C. Se envía directamente a un depósito con refrigeración: el tanque lechero.

La leche que se ordeña, ¿es la misma de los envases?

➤➤ Todos los días, camiones cisterna refrigerados pasan por las granjas para bombear la leche de los tanques y transportarla a las centrales lecheras. Allí, se filtra, se limpia y se vierte en envases de cartón o en botellas de vidrio o de plástico. Para la leche descremada o semidescremada se extrae la materia grasa.

43

¿Por qué en las tiendas hay tantos tipos de leche?

➤➤ La leche de vaca que no se procesa, es decir, la leche cruda, sólo se conserva durante dos días. Si se calienta muy rápido, los microbios se destruyen y se conserva más tiempo: es leche pasteurizada. Para que dure aún más, se calienta a temperaturas elevadísimas: es leche ultrapasteurizada que se vende en envases de cartón.

44

¿Lo sabías?
Casi en todo el mundo se toma leche de vaca. Sin embargo, también puede consumirse leche de otros animales, como la de oveja o la de cabra. Hoy en día se elaboran bebidas con plantas y agua llamadas "leches", por ejemplo, la leche de soja o la de arroz.

El queso

45

¿Cómo se hace el queso?

➤ Para elaborar quesos tipo emmental, gruyer, manchego o mozzarella, se utiliza leche de vaca o de oveja. En la fábrica de quesos, la leche se vierte en tinas.

➤ La leche se calienta a 32 °C. Se le agrega el cuajo, que la transformará en leche cuajada sólida.

➤ El cuajo se vierte en moldes muy grandes y se presiona. Posteriormente, se sumerge en un baño salado (de salmuera) y se forma una corteza sólida.

➡️ Después, los grandes moldes de queso se almacenan en cámaras de maduración, proceso que le confiere fineza.

➡️ Para saber si el queso está listo, el afinador "hace sonar" el molde de queso dándole un golpe seco.

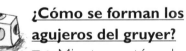

¿Cómo se forman los agujeros del gruyer?

➡️ Mientras está en la cámara, se desarrollan burbujas de aire en el queso. Sin embargo, la corteza las aprisiona en el interior del molde. La temperatura cálida de la cámara en la que se cura el queso gruyer es la causa de los agujeros; otros tipos de queso, como el manchego, que se curan en cámaras más frescas, no los tienen.

46

¿Lo sabías?
El yogur se hace con leche a la cual se añaden dos bacterias especiales. Si se calienta a 42 °C por tres horas, éstas se reproducen por millones y la leche se vuelve gelatinosa. Cuando los yogures están listos, se enfrían y se almacenan a temperaturas entre 2 y 4 °C.

El aceite, el vinagre y las especias

¿Cómo se hace el aceite?

47

➡ El aceite puede elaborarse con aceitunas, semillas de girasol, pepitas de uva, o nueces. Los frutos o las semillas se trituran para extraer la materia grasa. Pero también hay aceite de pescado o de hígado de bacalao. Es más, ¡incluso se elabora aceite a partir del petróleo!

¿Cómo se elabora el vinagre?

49

➡ El vinagre se elabora a partir de un alcohol: vino, sidra, cerveza. Al ponerse en contacto con el aire, en la superficie del líquido se forma una especie de capa viscosa o gelatinosa llamada "madre de vinagre", que es como moho que poco a poco producirá vinagre.

¿Todos los aceites son comestibles?

➡ El aceite no sólo sirve para cocinar; el aceite no comestible se usa para fabricar pinturas, barnices, jabones o medicamentos.

Hace mucho tiempo, las casas se alumbraban con lámparas de aceite. El primer aceite utilizado para los motores de los coches fue el de castor.

CASTOR+
ACEITE

¡Y la mostaza?

➥ La mostaza es una planta cuyas semillas tienen un sabor picante. Al triturarlas y mezclarlas con vino blanco, se obtiene una pasta lisa y amarilla que se utiliza en la mesa y que también se denomina "mostaza".

¿Un poco de mostaza con la carne?

¿De dónde proceden las especias?

➥ Con gran frecuencia, las especias tienen un origen exótico: el curry (que es una mezcla de varias especias), el azafrán, la canela, la vainilla y el jengibre proceden de países cálidos. Pero en algunas regiones de Europa, cuyo clima no es cálido, también pueden encontrarse especias como el anís, el ajo o la mostaza.

AZAFRÁN

JENGIBRE

VAINILLA

CANELA

¿Lo sabías?

En la Edad Media, las especias raras eran tan preciosas como el oro. Servían para perfumarse, para curarse y para cocinar. Los mercaderes realizaban largas travesías en barco hasta el otro lado del mundo para poder conseguirlas. Se reservaban a los reyes y a los nobles.

LOS ALIMENTOS

El vino

52

En el viñedo

❶ La vid es un arbusto que se cultiva por sus frutos: las uvas.

❷ En otoño, las uvas están maduras, es el momento de la vendimia. El viticultor recoge los racimos (a mano o por medio de máquinas especiales).

❸ Los racimos de uva se colocan en una gran plancha de acero inoxidable. Se retiran las uvas deterioradas o las que aún no están lo suficientemente maduras.

En el lagar

❹ Una máquina separa las uvas de sus racimos: la despalilladora. Luego, se prensan entre dos cilindros. Hace años, los viticultores prensaban las uvas pisándolas.

❺ Las uvas prensadas y el jugo que se obtiene se extraen y se fermentan en grandes toneles. El azúcar contenido en las uvas se transforma en alcohol. Luego, todo se prensa.

53

En la cava

❻ Los buenos vinos se dejan añejar en barriles de roble durante varios meses. La madera perfuma el vino y le otorga un sabor particular.

54

❼ El vino se extrae de los barriles y se vierte en botellas que suelen cubrirse con un tapón de corcho.

¿Lo sabías?
Los tapones de corcho se fabrican a partir de la corteza del alcornoque, un árbol de los países del sur de Europa. La corteza se retira en grandes placas y se deja al sol. Una vez seca, se tallan los tapones de corcho.

LOS ALIMENTOS

El agua

55

¿De dónde viene el agua del grifo?

➥ En la naturaleza, el agua se encuentra en los mares, los ríos y el subsuelo. Sin embargo, en su estado natural, no siempre es apta para beberse. El agua del mar es salada, la de los ríos y la del subsuelo contiene bacterias que pueden enfermarnos. Antes de consumirla, se trata en plantas depuradoras.

56

¿Cómo se hace el agua potable?

➥ Unas bombas gigantes extraen el agua del subsuelo. Luego se filtra para retirar las hierbas y las piedritas. Después, se trata con productos químicos para matar las bacterias. Posteriormente, se filtra a través de varias capas de arena. Entonces, el agua se vuelve potable y se almacena en grandes depósitos.

¿Cómo llega el agua a las casas?

➤➤ El agua potable se distribuye en los pueblos y ciudades por medio de grandes tuberías. Cada casa posee una toma de agua. Dentro de las viviendas, el agua circula en tuberías que la conducen a los diferentes grifos. La presión del agua en las tuberías es muy fuerte, lo que permite que, inmediatamente tengamos agua en casa.

¿Qué es el agua mineral?

➤➤ El agua mineral se vende en botellas de plástico o de vidrio. Proviene de una fuente subterránea muy pura y contiene sales minerales que son buenas para la salud. Para elaborar agua gasificada, la que tiene burbujas, se agrega uno o varios gases al agua mineral. Algunos manantiales ya poseen agua burbujeante.

¿Lo sabías?

El agua cubre el 70% de la superficie del planeta; pero, sólo el 2,5% es agua dulce y, por tanto, apta para el consumo. Una persona del continente americano dispone de 600 litros diarios, un europeo de 200 y un africano sólo de 30 y, por lo general, no es apta para el consumo. Muchos niños mueren a causa de ello.

LOS ALIMENTOS

¿Es cierto que se confeccionan telas con petróleo?

¿Cómo se fabrica el cuero?

¿De dónde vienen los pantalones vaqueros?

¿Cómo se hace la tela?

¿Quién cultiva el algodón?

¿Cómo se hacen las botas de goma?

¿Cómo se vestían los hombres de la prehistoria?

¿Cómo se hace
la ropa?

Preguntas 59 a 81

El suéter de lana

59

❶ Las ovejas se crían por su carne, pero también por su lana, ya que su pelaje es espeso y rizado. Cuanto más joven es el cordero, más fina es su lana. Los criadores esquilan a sus ovejas en primavera con tijeras especiales o con una esquiladora. La lana de las ovejas vuelve a crecer durante el verano.

60

❷ La lana que se esquila debe lavarse varias veces para eliminar completamente el polvo y las ramitas. De la misma manera, cada pelo está cubierto con una grasa natural que lo vuelve impermeable. Esta grasa se utiliza para elaborar productos de belleza o para ceras.

61

❸ La lana se selecciona a mano. Luego, se carda para desenredarla. En el pasado se utilizaban cepillos de púas para realizar este trabajo. Hoy en día, la lana se carda en un taller; pasa entre dos cilindros grandes cubiertos de puntas de acero muy finas que giran a gran velocidad. Después, se pasa por peines cada vez más finos.

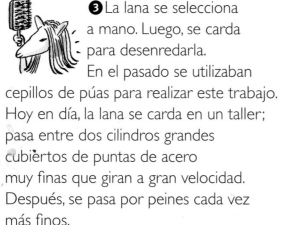

④ La lana se hila. Antes, se hacía con una rueca (como en el cuento de *La Bella Durmiente del bosque*). Hoy, una máquina estira las fibras de lana y las enrolla para obtener hilos largos que por lo general se agrupan en tres. En su origen la lana es beige, marrón o negra. Para obtener lana de colores, los hilos se sumergen en baños de tintura a altas temperaturas.

62

⑤ Los hilos de lana teñidos se disponen en madejas, en ovillos o en carretes. Puede hacerse un suéter con agujas siguiendo un modelo. Los suéteres que encontramos en las tiendas se hacen con máquinas tejedoras. Los hilos de la lana se entrecruzan para formar estampados.

63

¿Lo sabías?
La oveja fue el primer animal que se domesticó para tener con qué vestirse. Pero hay otros animales que se crían para eso. La lana del conejo de angora es muy suave; el mohair es la lana de una cabra de pelo largo. La alpaca es una especie de llama de América del Sur cuya lana es muy caliente y ligera.

LA ROPA

La camiseta de algodón

64

¿Con qué se hace una camiseta?

➡ Mucha de la ropa que utilizamos se confecciona con las fibras blancas de las semillas de una planta: el algodón. Las fibras se enredan para hacer hilos que luego se tiñen y posteriormente se tejen. Las piezas de tela se cortan y se cosen para hacer camisetas, pantalones, vestidos o ropa interior.

65

¿Cómo se hacen las telas?

➡ Para hacer tela, los hilos se entretejen, por ejemplo, hilos de algodón o de seda. Las primeras máquinas de tejer datan del Egipto de los faraones. Poco a poco, se han desarrollado telares cada vez más perfeccionados para facilitar el trabajo. Hoy en día, los telares se controlan automáticamente.

¿Quién cultiva el algodón?

 66

➡ El algodón se obtiene de la semilla de un arbusto, el algodonero, que crece en China, Estados Unidos, India y África. En este último continente se recoge a mano. En Estados Unidos lo hacen con máquinas. Sin embargo, en otros tiempos, Estados Unidos requería esclavos que venían de África para trabajar en los campos.

¿De dónde vienen los pantalones vaqueros?

➡ El pantalón vaquero es de algodón. Se inventó en Francia, en la ciudad de Nîmes, donde se creó una tela muy resistente teñida de azul. Servía para confeccionar pantalones para los marineros italianos. En seguida, fue utilizada para los pantalones de peto de los buscadores de oro.

67

¿Lo sabías?
El algodón sirve para confeccionar ropa, pero también se utiliza en farmacia. Existen fibras de algodón en los billetes del banco. El aceite contenido en la semilla de algodón se utiliza en la alimentación o para fabricar jabón.

Los zapatos de piel

68

¿Cómo se hacen los zapatos?

➤➤ Los zapatos se hacen con piel. En primer lugar, se crea un pie falso de madera o de plástico que sirve de molde. Luego, se cortan los diferentes pedazos de cuero que después se cosen. Se añade la suela, que es la parte de abajo del zapato, puede estar hecha de piel o plástico. En algunos casos, también se pone un tacón de madera o de piel.

69

¿Cómo se fabrica el cuero?

➤➤ El cuero se fabrica con la piel de los animales. Primero, la piel debe frotarse para poder retirar los restos de carne y de grasa, y se quitan los pelos. Para evitar que la piel se pudra, debe curtirse. Se sumerge durante dos días en cromo y otros químicos que permiten que seque. Esos productos son muy contaminantes y peligrosos para quienes los manipulan.

¿Cómo se vestían los hombres de la prehistoria?

➡ Se han encontrado instrumentos que muestran que los hombres prehistóricos utilizaban la piel de grandes animales que habían cazado para confeccionar ropa que los protegiera de la lluvia y del frío. Al no recibir tratamiento alguno, las pieles se pudrían en poco tiempo y no olían bien. Entonces, se les ocurrió calar las pieles en pedazos de corteza.

¿Qué animales se utilizan para fabricar cuero?

➡ El cuero puede fabricarse con la piel de todos los animales. Hoy en día, se utiliza la piel de cerdo, vaca y carnero para hacer zapatos. Los bolsos y las carteras se hacen con piel de oveja, cabra y también de búfalo, cocodrilo, avestruz; los guantes se elaboran con piel de antílope, ante o cordero.

¿Lo sabías?
Algunas marcas de equipamiento deportivo fabrican su calzado y su ropa en los países pobres.
En esos lugares, los obreros hacen lo mismo que en otros países, pero les pagan mucho menos. Incluso se piensa que los niños trabajan en la fabricación de dichos objetos.

LA ROPA

Los pañuelos de seda

❶ La seda es una tela muy suave y brillante. Se confecciona con el hilo del capullo de una mariposa. Se le llama "gusano de seda", pero en realidad se trata de la oruga de la *Bombyx mori*. Esta mariposa se cría en China desde hace 4 000 años.

❷ Cada año, las hembras de las mariposas ponen cientos de huevos minúsculos en las hojas de las moreras. Esos huevos dan lugar a larvas que se transforman en orugas.

❸ Durante cinco semanas, las orugas se alimentan con hojas de morera y engordan mucho. Tejen un capullo con su baba, que forma un hilo muy grande y fino de seda. Cuando se desenrolla, ¡el hilo mide más de un kilómetro!

En los criaderos, las orugas se colocan en unos platos grandes cubiertos de hojas de morera.

❹ Para recuperar el hilo de seda, los criadores recogen los capullos antes de que la mariposa los rompa para salir de ellos. Los capullos se ponen a secar en aire muy caliente. El insecto muere y la cubierta de hilo de seda se seca.

 ❺ En seguida, las cubiertas se ablandan en agua hirviendo y luego se cepillan. El hilo de cada capullo se deshebra. Hay que enredar varios hilos para obtener uno que sea lo suficientemente grueso como para tejerse.

 ❻ Para obtener un kilo de seda, se necesitan 45 000 capullos. El hilo es, al mismo tiempo, muy suave y muy sólido, tan resistente como una fibra sintética.

¿Lo sabías?
La seda es un tejido de lujo. Los chinos mantuvieron en secreto el proceso de confección durante mucho tiempo y la vendían muy cara a los europeos. La seda se reservaba a los ricos, que la llevaban de la cabeza a los pies. ¡Incluso su ropa interior y zapatos se hacían de seda!

LA ROPA

Los tejidos sintéticos

¿Es cierto que se hacen telas con petróleo?

➡ Hoy en día, en los laboratorios se crea cualquier tipo de fibras artificiales. La viscosa se confecciona con desechos de madera recuperados en los aserraderos. Se le llama "seda artificial". A partir del petróleo, se hacen fibras sintéticas como el poliéster o las poliamidas.

78

¿Qué es un material sintético?

➡ Este tipo de materiales se fabrica con el plástico que se extrae del petróleo. La primera fibra plástica inventada es el nailon que sirve para hacer medias o mallas. Desde entonces, surgieron muchos tejidos sintéticos. Algunos son muy elásticos, unos dejan pasar el aire, otros son más sólidos que el acero. Pueden mezclarse con el algodón o la lana.

79

¡Copión!

Y el caucho, ¿es natural o artificial?

➥ El caucho puede encontrarse en la naturaleza, en la savia de algunos árboles tropicales como el hevea. El caucho es impermeable y elástico. Por ejemplo, sirve para hacer botas herméticas. Sin embargo, el caucho natural es un material raro, razón por la que se fabrica el caucho artificial a partir de los derivados del petróleo.

80

¿Cómo se hacen las botas de goma?

➥ De una pasta de caucho y azufre que se aplana en finas hojas que deberán utilizarse el mismo día. Todas las piezas de la bota se cortan y ensamblan a mano sobre moldes de aluminio. El caucho se rasga muy fácilmente antes de introducirlo en un horno muy caliente. Al cabo de una hora, se vuelve indeformable e irrompible.

81

¿Lo sabías?
Con el plástico de las botellas usadas puede fabricarse lana polar. Las botellas se trituran, se reducen a escamas y se reciclan. Para confeccionar una bufanda de lana polar se requieren 2 botellas, y para un suéter de este tipo de material, se necesitan 27 botellas de plástico.

¿Cómo se hace un plato?

¿Qué es el papel reciclado?

¿De qué son los balones de fútbol?

¿Cómo se fabrican las velas?

¿Cómo actúa un medicamento?

¿Cómo se mantiene la mina dentro del lápiz?

¿Cómo se puede hacer hablar a una muñeca?

¿Cómo se hacen las cosas que hay en casa?

Preguntas 82 a 108

Las botellas

La botella de vidrio

82

❶ El vidrio se fabrica con arena, cal (extraída de alguna piedra calcárea) y sosa (un producto químico). La mezcla de estos elementos se calienta en un horno a una temperatura elevadísima: 1 500 °C. Con el calor, los elementos se funden y se convierten en una pasta naranja, maleable y caliente.

❷ En la vidriería, las máquinas fabrican de manera automática los objetos de vidrio. Un distribuidor deja caer una gota de vidrio fundido en un molde.

❸ La gota aumenta con el aire, se ahueca y adopta la forma de una botella. Un chorro de aire frío enfría el vidrio. La botella está lista.

❹ Algunos artesanos vidrieros siguen trabajando el vidrio a mano. Con la ayuda de un tubo largo soplan el vidrio fundido para darle forma al objeto.

La botella de plástico

❶ El plástico se fabrica a partir de los vapores que emanan del calentamiento del petróleo. Los químicos pueden crear varios tipos de plástico.

❷ El plástico utilizado para hacer botellas se denomina "polietileno de alta densidad". Es transparente, liso y sólido. Para conferirle la forma de una botella, se utiliza el método del soplado, igual que con el vidrio.

❸ En un molde con forma de botella, se hace descender un tubo de plástico caliente y se bombea aire comprimido en el tubo. El plástico se infla como si fuera un globo y adquiere la forma del molde.

¿Lo sabías?
Los objetos de vidrio pueden reciclarse fácilmente. Se calientan y vuelven a fundirse para obtener vidrio nuevo. Es importante separar las botellas y los frascos e introducirlos en contenedores especiales para su reutilización.

LAS COSAS DE LA CASA

Los platos y los cubiertos

84

¿Cómo se fabrica un plato?

❶ Los platos se fabrican con arcilla que es una piedra blanda que se denomina también "barro". La arcilla es fácil de trabajar cuando está húmeda y al cocerla se vuelve resistente.

❷ En el taller, se crean moldes de yeso que le darán forma a los platos. Para cada modelo, los moldes se vuelven a hacer con diferentes formas. Las tazas, los tazones y los platos de todo tipo se fabrican de la misma manera.

❸ Las máquinas moldean la pasta de arcilla en los modelos de yeso. Luego, se colocan en estantes de madera y se ponen a secar al aire libre. Después, se pule la superficie de los platos para que quede bien lisa.

❹ Los platos se cuecen una primera vez durante 30 horas en un horno que está a una temperatura de 1100 °C. De manera automática, entran por un lado del horno y salen por el otro. Para que puedan esmaltarse, los platos deben ser algo porosos.

❺ Los platos cocidos se sumergen en el esmalte para darles color y brillo. A partir de aquí, aún se cocerán durante 12 horas más en el horno.

¿Y los cubiertos?
➤➤ En el pasado, los cubiertos eran de madera, cuando las familias eran pobres, y de plata, si se trataba de familias ricas. En la actualidad, los cubiertos de plata se usan cada vez menos. Los cuchillos, los tenedores y las cucharas son de acero inoxidable: una aleación de varios metales que incluye hierro, cromo y níquel, el cual, a diferencia del hierro, no se oxida.

85

¿Lo sabías?
Las vajillas de porcelana son muy finas y apreciadas. Este material se hace a partir del caolín, que es una especie de arcilla bastante rara. Los chinos fueron los primeros en fabricar porcelana y a los europeos les costó bastante entender el secreto de su fabricación.

LAS COSAS DE LA CASA

Los fósforos y las velas

86

Los fósforos

❶ Se quita la corteza a los troncos de madera y luego se cortan en leños que se despliegan en hojas, las cuales se apilan unas sobre otras.

❷ Las hojas de madera pasan por una picadora que las corta en pedazos pequeños. Estos pedacitos se alisan y se tratan para que no se quemen demasiado rápido.

❸ La pasta roja que forma la cabeza del fósforo se fabrica con una mezcla de productos químicos.

4 Una máquina introduce todos los palitos de madera en un cubo lleno de esa pasta.

5 Luego, los fósforos se secan y se colocan cajones. Cuando están llenos, se introducen en cajitas de fósforos.

¿Cómo se hacen las velas?

➥ Las velas se fabrican con cera de abeja o parafina, un derivado del petróleo. Estos productos líquidos se vierten en un molde y se endurecen al secar. La mecha de la vela se hace con algodón trenzado. Cuando la mecha se enciende, la cera, o la parafina, se funde con el calor, sube a la mecha y alimenta la llama.

¿Lo sabías?
Los métodos más antiguos para obtener fuego datan de la prehistoria. Se obtenía frotando entre sí durante bastante tiempo dos pedazos de madera o golpeando un sílex con otra piedra que tuviera hierro.

LAS COSAS DE LA CASA

Los balones y los juguetes

89

¿Con qué se hacen los balones de fútbol?

➤➤ Los balones de fútbol de calidad se hacen con piel sintética. Los balones profesionales que se utilizan en los partidos están constituidos por 32 piezas de cuero cosidas unas a otras. En el interior, hay una bolsa llena de aire, la vejiga.

90

¿Por qué los balones rebotan en el suelo?

➤➤ Cuando un balón toca el suelo, se aplana y se deforma. En su interior, el aire está comprimido. Después vuelve a ocupar su lugar y el balón recupera su forma, lo que lo aleja del suelo. La arena, que es un suelo blando, se deforma y el balón ya no rebota.

¿Cómo se puede hacer hablar a una muñeca?

➡ En el momento de su fabricación, en el cuerpo de la muñeca se coloca un chip electrónico que contiene frases grabadas. Cuando se aprieta el botón, la muñeca repite esas frases. Además, puede programarse para que su voz se active cuando se le da el biberón o cuando se la arrulla para dormir.

Tengo hambre, quiero hacer pipí, tengo hambre, quiero hacer pipí, tengo hambre, quiero hacer pipí, tengo hambre, quiero hacer pipí...

¿Cómo se hace un peluche?

➡ Los peluches se hacen con piel sintética y sus ojos son de plástico. Se rellenan con paja, serrín o espuma de goma. En el siglo XIX, los peluches se fabricaban con piel de conejo o con lana. Sus ojos eran de vidrio y la nariz se hacía con un botón de botín de metal.

¿Lo sabías?
Los niños de los países pobres como la India, cosen a mano los balones de fútbol. Su trabajo es difícil y está mal pagado. La Federación Internacional de Fútbol (FIFA) se comprometió a vigilar los métodos de fabricación de los balones que se utilizan en las Copas mundiales.

LAS COSAS DE LA CASA

El papel

93

Para fabricar papel

❶ El papel se fabrica a partir de una materia contenida en la madera: la celulosa. En algunos países, los bosques no se destruyen para fabricar papel, se utilizan los desechos de madera que se obtienen en los aserraderos.

❷ Los pedazos de madera se cortan y se muelen. Para fabricar la pasta de papel, esos pedacitos tan pequeños de madera se ablandan en agua. ¡Se necesita muchísima agua!

❸ Para hacer el papel impermeable, para darle color o para que sea blanco, a la pasta se le agregan productos químicos. Por eso, la industria papelera es muy contaminante.

❹ Para hacer hojas de papel, la pasta se vierte sobre una cinta transportadora agujereada que absorbe el agua. Luego se pasa entre dos cilindros y se seca. Para que el espesor sea igual en todos lados, la pasta se alisa.

❺ Entonces, la inmensa hoja de papel obtenida, se enrolla en bobinas enormes. Las máquinas que producen papel son gigantescas. Funcionan día y noche durante todo el año y fabrican miles de metros de papel por minuto.

¿Qué es el papel reciclado?

➤ Los periódicos sirven para elaborar pasta. ¡El papel puede reciclarse hasta 10 veces! Además, también se puede hacer papel con trapos pequeños de algodón: se utiliza para hacer los billetes.

94

¿Lo sabías?

Los escribas egipcios escribían en unos rollos hechos de tiras de papiro (una especie de caña). El papel fue inventado por un chino que había observado cómo las avispas fabricaban sus nidos mordisqueando las fibras de bambú.

La pintura, el pincel, el lápiz

¿Cómo se mantiene la mina en el lápiz?

95

➥ Para fabricar lápices, se realizan ranuras en una plancha de madera (1). Luego en las ranuras se vierte una pasta negra a base de grafito (2) para los lápices de papel o una pasta de color. Posteriormente, se pega una segunda plancha de madera sobre la primera (3). Cuando el pegamento se seca, las planchas pasan por una cepilladora que separa los lápices (4) y les da forma.

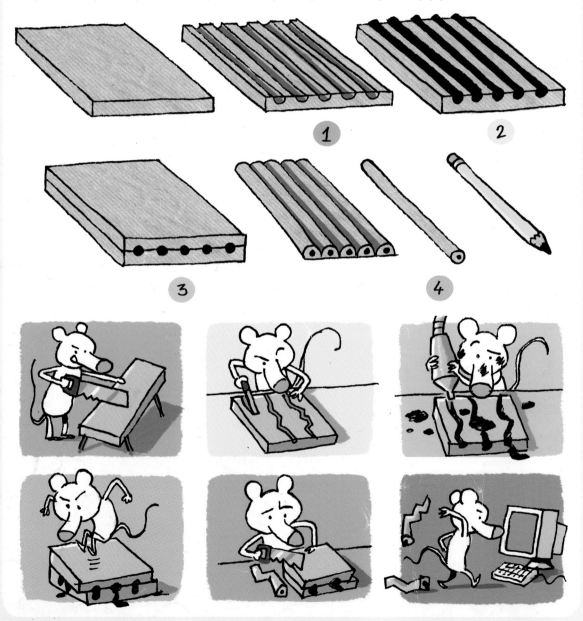

¿Cómo se elaboran los colores?

➤ En la actualidad, los pigmentos que se utilizan para dar color a las pinturas son sintéticos.

Algunos colores, como los marrones o los ocres, son de origen natural.

Antiguamente, se usaban piedras, vegetales o animales. Con el lapislázuli se obtenía el color azul, con la garanza (un árbol pequeño), el rojo.

¿Cómo borra la goma las marcas de lápiz?

➤ El lápiz deja una marca sobre el papel rugoso puesto que las pequeñas partículas de lápiz permanecen en los puntos del papel. La goma de caucho sintético remueve las fibras del papel. Las separa y libera las pequeñas partículas de grafito.

¿Cómo se hacen los pinceles?

➤ En general, los pinceles tienen un mango de madera. Los pelos de los pinceles son de marta o de cerdo. También pueden hallarse pinceles cuyos pelos se realizan con material sintético. Los hay redondos, planos, grandes y pequeños. Los chinos llaman al pincel "lápiz con pelos".

¿Lo sabías?
La goma no borra las marcas de pintura ni las de los bolígrafos. Los colores de los bolígrafos son líquidos, como la pintura, y las fibras del papel los absorben. El color se queda entonces en el interior del papel y no puede borrarse.

LAS COSAS DE LA CASA

Los medicamentos

99

¿Cómo se descubren los medicamentos?

➡ Más de la mitad de los medicamentos que se usan en la actualidad se elaboran a base de plantas. Los demás se fabrican con moléculas artificiales, extractos de animales o minerales. Algunas plantas medicinales se utilizan desde la Edad Media.

100

¿Cómo funciona un medicamento?

➡ La enfermedad altera el equilibrio del cuerpo. Como reacción, podemos presentar fiebre, dolor de estómago, vómitos… Algunas plantas son reconocidas porque provocan en el cuerpo un desequilibrio inverso al que produce la enfermedad. Entonces, se utilizan para fabricar un medicamento contra esa enfermedad específica.

¿Todas las plantas son beneficiosas?

➤➤ Con las plantas hay que tener cuidado, algunas no sólo son tóxicas; pueden ser mortales. El término "farmacia" viene de la palabra griega *pharmakon*, que quiere decir "veneno". Las plantas deben transformarse en medicamentos antes de utilizarse. Además, es imprescindible respetar las indicaciones del médico.

101

¿Es posible descubrir nuevos medicamentos?

➤➤ En las selvas tropicales, los científicos investigan especies de flores desconocidas que podrían convertirse en la base de nuevos medicamentos. Buscan información con los indígenas acerca de sus medicinas, luego estudian las plantas en un laboratorio, lo que les permite verificar su eficacia.

102

¿Lo sabías?
A veces, las flores poseen ciertos poderes. La pasiflora, por ejemplo, sirve para tranquilizarse. También hay plantas muy comunes que son útiles para muchas enfermedades, como la manzanilla, la salvia y la verbena, entre otras.

LAS COSAS DE LA CASA

El perfume

103 ❶Los horticultores cultivan flores perfumadas, por ejemplo, rosas o jazmines. Las flores se recogen una por una, a mano. Cuando hay una cantidad suficiente, los camiones frigoríficos las trasladan a la fábrica. Además, pueden utilizarse frutas (como la bergamota) o raíces (como el vetiver).

104 ❷Para recoger el perfume de las flores se sumergen en un solvente, un producto que las disuelve. A partir de ahí, se obtiene un líquido perfumado que se concentra. Al final, se alcanza el "absoluto", una esencia de perfume muy fuerte. Se requiere de una tonelada de flores para conseguir un kilogramo de absoluto.

105 ❸Hoy en día, muchos de los aromas se crean en laboratorio. Estos aromas artificiales son más estables que los olores naturales. Del mismo modo, su fabricación es menos costosa. Se pueden inventar fragancias o reproducir los perfumes del muguete o de la azucena, que no es posible captar de manera natural.

❹ La persona que crea los perfumes se llama comúnmente "nariz", por su capacidad para detectar los diferentes aromas. ¡Tiene una excelente memoria de los olores! En su taller, hay más de 400 frascos de olores distintos: un "órgano de perfumes". Primero, el creador escoge una nota de base, la cual puede ser el olor de una flor, de una fruta o de maderas.

106

❺ "La nariz" selecciona otros aromas que combinen de manera armónica con el olor dominante que escogió. Cuando acaba, prueba la adherencia del perfume con papeles absorbentes. Un perfume tiene tres notas: la "de cabeza", o nota alta, que se percibe de entrada, la "de corazón", o nota media, que permanece algunas horas, y la "de fondo", que es la que dura más tiempo.

107

❻ Cuando el perfume está listo, un diseñador crea un frasco adecuado para transmitir su significado. Los frascos son de vidrio, y a veces tienen formas muy complicadas.

¿Lo sabías?
Los perfumes no sólo se utilizan para elaborar productos de belleza. Algunas tiendas los usan para atraer clientes. Por ejemplo, frente a ciertas panaderías, se difunde un aroma que recuerda al pan recién salido del horno.

108

LAS COSAS DE LA CASA

¿Por qué todas las casas nuevas se parecen?

¿Cómo se fabrica un espejo?

¿Por qué no se cae una grúa?

¿Cómo se fabrica el cristal?

¿Qué es el aislamiento?

¿Cómo se hace una casa?

Preguntas 109 a 135

La construcción de una casa

109

❶ Antes de construir una casa, un topógrafo mide el terreno y la pendiente que tiene el suelo. Utiliza un aparato que calcula los ángulos y las superficies. Luego, realiza los planos del terreno.

110

❷ En su PC, el arquitecto diseña la casa. Imagina todo, el exterior, el interior, dónde van las puertas y las ventanas. Sus planos deben ser precisos, ya que todo debe estar bien medido.

111

❸ Primero, se realiza un hueco en la tierra con una excavadora. Para que la casa sea estable y resistente, se construyen los cimientos. Entre dos tablones, se vierte cemento entre varillas de acero. Luego, se hace una losa muy plana en cemento.

❺ El techador coloca planchas de madera entre las vigas de la estructura. Encima, fija las tejas o la pizarra. Bajo el tejado, se pone lana de vidrio para aislar la casa del frío.

❻ Cuando el techo está herméticamente cerrado, se colocan los tabiques para separar las diferentes habitaciones.

❹ Un albañil apila bloques de cemento o de ladrillos para construir los muros. Deja espacios huecos para las ventanas y la puerta.

❼ Luego, el electricista pasa cables eléctricos por todos los cuartos de la casa e instala las conexiones y los enchufes.

❽ Un técnico coloca las tuberías de entrada y de evacuación del agua. El técnico en calefacción instala los radiadores y la caldera. Aún falta colocar el suelo y los azulejos, además de la pintura.

¿Lo sabías?
La construcción de un edificio requiere grúas para ensamblar los muros prefabricados en los talleres. Los materiales que se utilizan en estos casos no son los mismos que para una casa. En lugar de madera, ladrillos o cemento, por lo general se usa acero, hormigón armado o vidrio.

LA CASA

En la obra

¿Por qué está prohibido entrar en una obra en construcción?

➤➤ Las obras son lugares peligrosos. Pueden caerse objetos de los andamios, además, se excavan hoyos

muy profundos. Por eso, la entrada a las obras está prohibida por medio de vallas y los obreros deben llevar cascos de protección.

¿Por qué no se cae una grúa?

➤➤ En las construcciones, las grúas se utilizan mucho para subir los materiales. Para impedir que se vuelque cuando carga cosas pesadas, se colocan grandes bloques de hormigón del otro lado. Además, al pie de la grúa se ponen bloques de hormigón para que no se mueva.

¿Por qué todas las casas nuevas se parecen?

➤➤ Antiguamente, las casas de cada región se construían en función de los recursos de la zona: la tierra, la madera, la piedra. Hoy en día, con la invención del cemento y del hormigón, por todas partes se construye el mismo tipo de casas.

¿Qué es el aislamiento?

➤➤ Para evitar que el frío entre en la casa, se aíslan el techo y los muros exteriores con materiales como lana de vidrio o poliestireno. Además, también se aíslan los muros interiores para evitar el ruido. Los cristales de las ventanas que tienen doble vidrio reducen el ruido de la calle.

¿Lo sabías?
En la Edad Media, la construcción de un castillo duraba cerca de 25 años. Para subir las piedras, se utilizaba una "jaula de ardilla": una gran rueda de madera en cuyo interior caminaba un hombre para hacerla girar y tirar de una cuerda fija a una polea situada en lo alto de un poste. Ése es el antecesor de la grúa.

LA CASA

Las tablas y las vigas

117 ❶ En el bosque, los leñadores talan con una motosierra los árboles marcados con una cruz. Retiran las ramas y dejan los troncos, apilados unos sobre otros. ¡Cuidado! Talar árboles sin autorización está prohibido.

118

 ❷ Los troncos de los árboles todavía están verdes. Contienen agua y savia, deben secarse por completo durante mucho tiempo. Si la madera se utiliza de inmediato, se deforma y se agrieta al secarse.

119 ❸ Las planchas de madera se elaboran en el aserradero. Para evitar accidentes, todo se ha automatizado. Los troncos se arrastran por rieles y pasan luego bajo grandes sierras circulares.

4 La madera no siempre está en su estado bruto. Las planchas de contrachapado (madera terciada) se hacen con varias capas de madera pegadas unas a otras. El aglomerado se realiza con virutas de madera que se pegan y se comprimen.

120

5 ¡La madera es muy útil! Con una estufa de leña, se puede calentar una casa. La madera de alerce, que es muy dura, se utiliza en las estructuras de las casas. Para el suelo, se usa la madera de haya o de roble.

121

6 Para la fabricación de muebles, se prefiere más bien la de haya o de abeto, que es una madera blanca. El cerezo y el nogal son maderas muy raras y sirven para hacer muebles de lujo.

¿Lo sabías?
Los árboles de las selvas tropicales, como la teca, son resistentes a la lluvia y a los insectos. Se venden a los países ricos para fabricar puertas, muebles o terrazas. Debido a la tala de árboles, las selvas tropicales disminuyen a gran velocidad; su población está en peligro de extinción.

Los ladrillos Los ladrillos que se utilizan para construir las casas, generalmente se hacen en fábricas. En los países que cuentan con tierra y arena, los ladrillos pueden hacerse a mano.

123

❶ El ladrillo se prepara con una mezcla de dos tierras diferentes: una arcillosa y otra arenosa. Se coloca un montón de ambas y se rocían con agua hasta que la mezcla se convierte en barro.

124

❷ Para hacer los ladrillos, el artesano utiliza un molde metálico con tres compartimentos. El obrero llena cada uno de ellos con una bola de barro y alisa la superficie con agua.

❸ El artesano vuelca el molde y coloca los tres ladrillos en el suelo. Para que no se peguen a él, les pone por debajo una capa de polvo de ladrillo cocido. Los ladrillos deben secarse durante dos días por cada lado.

125

❹ Después, los ladrillos se apilan y se cubren con hojas de palma, que los protegen de la lluvia. Cuando se acumulan suficientes, se ponen a cocer en el horno durante tres días y tres noches.

126

❺ Antes de sacarlos del horno, hay que esperar a que se enfríen durante un día. Luego, se envían a las obras en construcción.

¿Lo sabías?

En los países mediterráneos, la tierra arcillosa también se utiliza para fabricar las tejas. En ciertas regiones, como los Pirineos, se hacen tejados de pizarra, una piedra negra y plana. En algunas zonas montañosas pueden encontrarse tejados pesados realizados con piedras planas grandísimas. El techo de paja se construye con dicho material.

127

LA CASA

Los cristales de las ventanas

  ¿Cómo se hace un cristal?

128

❶ Los cristales son de vidrio. Se mezclan diferentes componentes: arena, cal y sosa, y se calientan a temperaturas elevadas hasta obtener una pasta viscosa.

❷ La pasta de vidrio se envía a una cámara sin aire que contiene estaño fundido. El vidrio flota sobre el estaño y se extiende en una capa delgada.

❸ Una vez que se enfría, una máquina con puntas de diamante corta la cinta de vidrio para convertirla en placas.

❹ Para poder levantarlas sin romperlas, se utilizan grandes ventosas.

  ¿Cómo se hace un espejo?

129

➡ El reflejo de algo o de alguien, puede verse en un cristal, ya que el vidrio plano refleja la luz.
El espejo se fabrica con vidrio, pero se coloca una placa de metal (plata, estaño o aluminio) detrás del vidrio para que pueda reflejar por completo la luz.

➤➤ Antes del siglo XVIII, las ventanas de los castillos se hacían con pequeños rombos de vidrio pegados unos junto a los otros.

¿Lo sabías?
En la Edad Media, en las casas de las familias pobres, no se utilizaban cristales de vidrio ya que eran muy caros. En su lugar, se acostumbraba poner en las ventanas papel humedecido en aceite. También se usaban vejigas de cerdo secas. Estos dos materiales dejaban pasar un poco la luz e impedían que el viento entrara en las viviendas.

LA CASA

El agua potable

131 **❶**Cuando se tira de la cadena del inodoro, o cuando se vacía el fregadero después de haber lavado la vajilla, el agua sucia se elimina a través de una tubería que se une a los desagües. Los desagües son canalizaciones grandes que están bajo tierra y que atraviesan toda la ciudad.

132

❷Los desagües transportan el agua usada hasta una depuradora o planta de tratamiento. En este sitio, el agua se depura antes de verterla de nuevo en la naturaleza. Las depuradoras se reconocen por sus grandes estanques y su olor desagradable.

133 **❸**Primero, las aguas usadas pasan por una malla que retiene los desechos más grandes (pedazos de madera, piedras…). La arena y la grava, que son más pesadas que el agua, caen hasta el fondo de un estanque del cual se extraen. Las grasas, más ligeras que el agua, flotan y se recogen en la superficie.

❹ Luego, se deja que el agua repose en unos depósitos inmensos. Los desechos se depositan en el fondo y se forma una especie de lodo que después se retira. El problema es que ese lodo es tóxico y no puede volverse a utilizar.

❺ Posteriormente, se le agregan al agua productos químicos para terminar de limpiarla. Por último, el agua limpia vuelve a verterse en los ríos.

¿Lo sabías?
En general, los ríos de la mayoría de los países están contaminados.
En algunos existen leyes que protegen el agua fluvial prohibiendo que se viertan productos tóxicos en ellos. También está prohibido usar pesticidas contra las malas hierbas que se encuentran junto a los ríos porque inmediatamente pasan al agua.

LA CASA

¿Con qué se hacen los barcos?

¿Qué es un cohete?

¿Es verdad que el petróleo va a agotarse?

¿Cómo despega un avión?

¿Cómo se excava un túnel?

¿Cómo se genera electricidad?

¿Cómo se pilota un avión?

¿Cómo funcionan
el transporte y la energía?

Preguntas 136 a 169

El automóvil

136 ❶ Los automóviles se construyen con acero, una especie de metal obtenido del hierro y otros elementos. Para fabricar esta aleación, se funden hierro y carbón en hornos muy grandes, los altos hornos. Así se obtiene la fundición.

❷ Luego, en la fundición en estado de fusión se inyecta oxígeno. Esto se convierte en acero. Sale a una temperatura de 1625 °C. Antes de que se enfríe, se aplana para obtener grandes hojas lisas que se enrollan en bobinas.

137 ❸ En la fábrica automotriz, las bobinas de acero se despliegan y se cortan. Para darles la forma adecuada, se prensan. Así se fabrican las puertas, el capó, el techo… todas las partes del automóvil.

❹ Al ensamblar todas las partes, se da forma a la carrocería. Este trabajo es realizado por robots que se encargan de soldar las piezas entre sí y de revisar lo que ellos mismos han hecho.

138

❺ Antes de pintar la carrocería, se trata para que no se oxide. La pintura también es aplicada por robots, aunque el trabajo es controlado por hombres que realizan retoques en caso de ser necesario.

❻ El montaje constituye la etapa más larga. Los obreros colocan el motor, los guardabarros, los faros, los neumáticos y las diferentes opciones solicitadas por el cliente.

❼ Antes de entregarlo, se realizan una serie de pruebas en ruta para obtener un último control de calidad. A continuación, se transporta por tren, barco o camión a un concesionario que se encargará de venderlo.

139

 ¿Lo sabías? Cada fábrica se especializa en la fabricación de un modelo de automóvil del que se producen miles de ejemplares para todo el mundo.

TRANSPORTE Y ENERGÍA

El avión

140 ### ¿Cómo se pilota un avión?

➤➤ Se pilota con un control parecido al de los juegos de vídeo. En este caso, los mandos son dobles. El piloto los toma a la ida, y el copiloto al regreso. El lugar donde se encuentran el piloto y el copiloto se denomina "cabina de pilotaje".

141

¿Cómo despega un avión?

➤➤ El avión precisa circular en línea recta durante varios kilómetros antes de despegar. Unos reactores muy poderosos le permiten abandonar el suelo. Igual que los pájaros, los aviones siempre despegan de frente al viento.

142 ### ¿Por qué los aviones no se estrellan durante el vuelo?

➤➤ Antes de despegar, el piloto prepara un plan de vuelo que muestra la ruta que seguirá su avión. Durante el vuelo, cada piloto sigue en contacto permanente con la torre de control de la región por la que atraviesa. El controlador aéreo vigila todos los aviones de su región mediante una pantalla radar.

¿Cómo se realiza el aterrizaje?

➤ En el momento de aterrizar, el avión saca el tren de aterrizaje. Las ruedas, equipadas con frenos, permiten su ubicación en la pista. Durante el vuelo, el tren de aterrizaje se recoge para evitar que roce en el aire.

¿Qué sucede en caso de emergencia?

➤ Al principio del vuelo, una azafata enseña a los pasajeros cómo utilizar el chaleco salvavidas y la máscara de oxígeno. Ésta cae de manera automática si es necesario. En caso de accidente, un tobogán se infla, también automáticamente, cuando se abren las salidas de emergencia. Así, la salida del avión es más rápida.

¿Lo sabías?
El primer vuelo en un avión de motor se llevó a cabo en 1903. Dos estadounidenses, los hermanos Wright, lograron volar algunos metros.

TRANSPORTE Y ENERGÍA

El ferrocaril

145

❶**La vía férrea**: los trenes circulan sobre rieles de acero sostenidos por traviesas de madera o de hormigón. Esta estructura es la vía férrea. Las ruedas también están hechas de acero y se encajan en los rieles. La velocidad que alcanzan se logra por la fricción entre los aceros, aunque también esto impide frenar rápido.

❹**El paso a nivel**: cuando una carretera cruza una vía férrea, se prevé un paso a nivel. Si llega un tren, suena una alarma, una luz como semáforo parpadea y se bajan las barreras para evitar que los automóviles avancen.

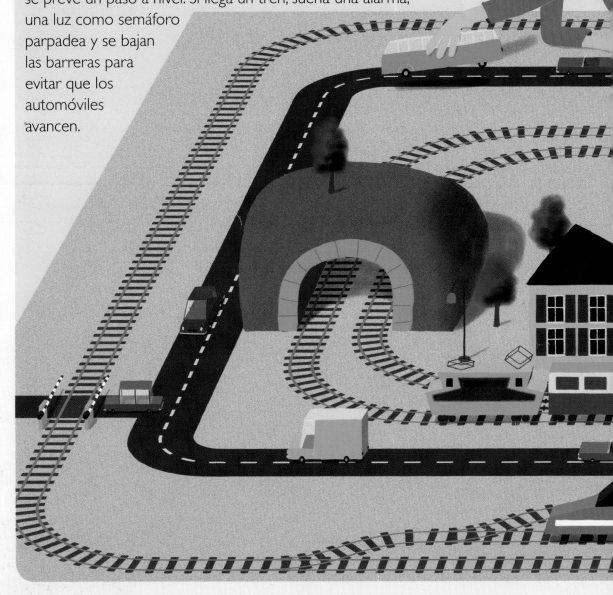

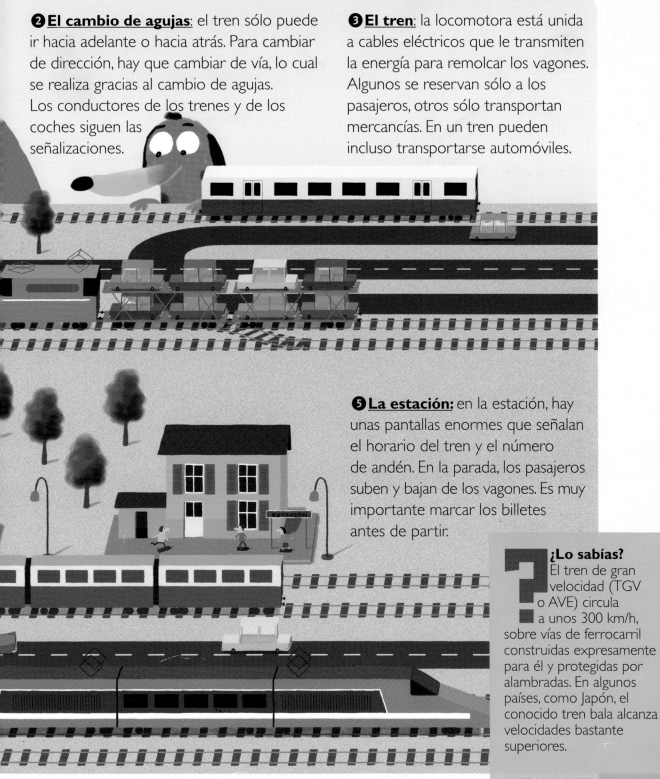

❷ **El cambio de agujas**: el tren sólo puede ir hacia adelante o hacia atrás. Para cambiar de dirección, hay que cambiar de vía, lo cual se realiza gracias al cambio de agujas. Los conductores de los trenes y de los coches siguen las señalizaciones.

❸ **El tren**: la locomotora está unida a cables eléctricos que le transmiten la energía para remolcar los vagones. Algunos se reservan sólo a los pasajeros, otros sólo transportan mercancías. En un tren pueden incluso transportarse automóviles.

❺ **La estación:** en la estación, hay unas pantallas enormes que señalan el horario del tren y el número de andén. En la parada, los pasajeros suben y bajan de los vagones. Es muy importante marcar los billetes antes de partir.

¿Lo sabías?
El tren de gran velocidad (TGV o AVE) circula a unos 300 km/h, sobre vías de ferrocarril construidas expresamente para él y protegidas por alambradas. En algunos países, como Japón, el conocido tren bala alcanza velocidades bastante superiores.

TRANSPORTE Y ENERGÍA

Los barcos

**¿Con qué
se hacen
los barcos?**
➠

Antiguamente, los barcos
eran casi siempre de
madera. También podían
hallarse piraguas de piel
untadas con grasa.
Hoy en día aún se fabrican
barcos de madera, pero
muchos de los navíos
tienen un casco de plástico
o de aluminio. Los buques
de carga y los barcos de
guerra se hacen de acero.

146

¿Cómo flota los barcos en el agua?

147

➠ Un pedazo de madera flota en el agua mientras que un objeto
de metal (como un clavo) se hunde. Sin embargo, los buques de carga,
los barcos petroleros y los transbordadores son de acero. Entonces, ¿por qué flotan
si el acero es mucho más pesado que el agua? Esto sucede porque son huecos
y contienen mucho aire y éste es más ligero que el agua.

¿Cómo avanzan los barcos?

➡ Los barcos no tienen piernas para caminar sobre el agua.
Los barcos de vela utilizan la fuerza del viento. Otros funcionan con motores que utilizan combustibles como la gasolina. Los submarinos militares son propulsados por reactores nucleares, cuyo calor hace que las hélices giren.

¿Es posible tocar el fondo de los mares?

➡ Gracias a los submarinos, se puede descender bajo el agua. Algunos son especiales y pueden llegar hasta el fondo del mar. Para una persona es imposible salir a esas profundidades, pero el submarino cuenta con brazos articulados. Además, existen submarinos de guerra que pueden permanecer bajo el agua durante meses.

¿Lo sabías?

Los barcos petroleros tienen grandes tanques. Algunas de estas embarcaciones no han recibido el mantenimiento adecuado y sufren accidentes que generan las mareas negras. ¡Es algo catastrófico para la naturaleza! Hay barcos que limpian sus tanques en el mar, contaminando voluntariamente.

TRANSPORTE Y ENERGÍA

150

¿Cómo se hacen las carreteras?

➡➡ Para soportar el tránsito de automóviles y camiones sin deformarse, la calzada, el lugar por el cual se circula, debe ser muy sólida y resistente. Se construye a partir de varias capas: en la base se colocan pedazos de rocas, luego grava, arena y finalmente alquitrán (conocido como asfalto). Cada capa se aplana con una máquina.

151

¿Cómo se excava un túnel?

➡➡ Se utiliza una máquina llamada "taladradora" cuyo tamaño es similar al de un camión y tiene la forma de un tubo circular largo. La cabeza de la máquina está cubierta de cuchillas de metal muy duro. Para excavar, el extremo gira y convierte las rocas en pedacitos de piedra. Una cinta transportadora extrae la tierra y las rocas a medida que se precise.

¿Cómo se construye un puente?

➤➤ Antes de construir un puente, se realizan complicados cálculos para estar seguros de que resistirá las ráfagas de los vientos, la fuerza de las corrientes, el peso de los camiones. Existen varios tipos de puentes: colgantes, los que están construidos sobre columnas sumergidas en el agua, levadizos que permiten el paso de los barcos, etcétera.

¿Cómo se construyen las columnas que están bajo el agua?

➤➤ Para hacer columnas sumergidas hay que extraer el agua. Se bajan grandes placas de acero en el lugar escogido y se bombea el agua que se ha encerrado entre las placas. Cuando ya no queda agua, se sumergen en el suelo grandes postes de metal alrededor de los cuales se verterá el hormigón.

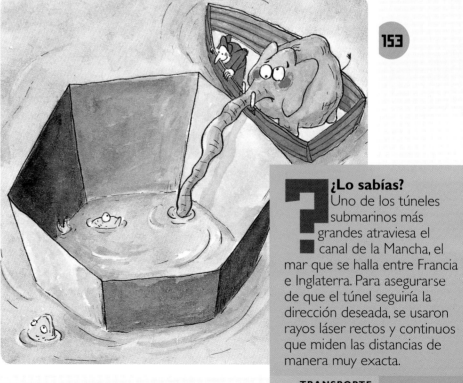

¿Lo sabías?
Uno de los túneles submarinos más grandes atraviesa el canal de la Mancha, el mar que se halla entre Francia e Inglaterra. Para asegurarse de que el túnel seguiría la dirección deseada, se usaron rayos láser rectos y continuos que miden las distancias de manera muy exacta.

TRANSPORTE Y ENERGÍA

Los cohetes y las naves espaciales

¿Qué es un cohete?

154

➤ Un cohete es un lanzador o eyector que sirve para propulsar al espacio otro aparato espacial. Para elevarse hacia el espacio, el cohete tiene varios cuerpos que, a su vez, poseen cada uno un motor y combustible. Se separan cuando es necesario, lo que hace que el cohete sea cada vez más ligero.

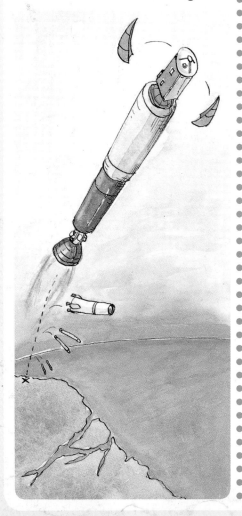

¿Cómo se hace una nave espacial?

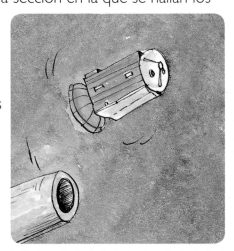

➤ Los satélites que se envían al espacio se fabrican a mano. Tiene dos partes: una plataforma muy sólida sobre la que se fija el cohete y una sección en la que se hallan los controles y varios artefactos. En el espacio no hay talleres mecánicos, los satélites transportan piezas por si se estropean.

¿Cómo se vive en una nave espacial?

➤ Los astronautas que viven en una nave espacial tienen la sensación de que van a caerse al vacío. No sienten su peso, no hay arriba ni abajo debido al efecto de la ingravidez. Para desplazarse, se sostienen de las paredes de la nave. A su alrededor, los objetos flotan, por eso deben ir bien atados.

¿Es cierto que los satélites transportan personas?

➤➤ La mayoría de los satélites lanzados al espacio no llevan tripulación a bordo. Se utilizan para la meteorología, la televisión y para estudiar el espacio. Se construyeron nueve estaciones espaciales que pueden habitarse, pero hoy en día, sólo queda una estación que ha sido lanzada por varios países.

¡No, soy Roberta!

¿Eres Isabel?

¿Lo sabías?

Antes de partir, los astronautas deben entrenarse muchísimo, por ejemplo, en una centrifugadora (una máquina que gira muy rápido) para acostumbrarse a la aceleración que sufre el cohete en el despegue. Los astronautas realizan trabajos bajo el agua con su escafandra para prepararse para las salidas al espacio.

TRANSPORTE Y ENERGÍA

Las energías

158

¿Qué es la energía?

➤ En la vida cotidiana, utilizamos energía para encender la luz, para que circulen los coches y para cocinar la comida, pero también para que nuestro cuerpo se mueva.
La energía es aquello que da fuerza. La que necesita tu cuerpo proviene de los alimentos que comes; la que utiliza un coche procede del combustible y la que alumbra, de la electricidad.

159

¿De dónde viene la energía?

➤ La que se extrae de la fuerza del viento o de las caídas de agua se utiliza desde hace mucho tiempo: la usaban los molinos de viento, los barcos de vela o los parques eólicos. Las fuentes de energía descubiertas más recientemente, como el carbón, el gas, el petróleo o la energía nuclear, permiten generar, a su vez, más cantidad de energía.

¿Por qué se utilizan esos tipos de energía?

➡️ Hay diferentes tipos de energía. La leña, el gas o el petróleo, producen calor una vez que se queman. Son muy fáciles de utilizar y muy prácticos… Sin embargo, las reservas van desapareciendo a medida que pasa el tiempo y contaminan muchísimo el planeta.

¿Es cierto que el petróleo va a agotarse?

➡️ El petróleo es una energía fósil. Esto quiere decir que se formó durante decenas de millones de años por la acumulación de vegetales y de animales que se descompusieron en el suelo. Pero las reservas de petróleo son limitadas: los científicos calculan que se acabarán dentro de 30 o 50 años.

161

¿Lo sabías?

Consumes dos veces más energía que la que consumían tus papás cuando tenían tu edad. Ellos, a su vez, gastan cerca de 15 veces más energía que la que utilizaba cualquier ciudadano hace 200 años. En esa época, la gente no viajaba mucho, no tenía coche, ni televisión y compraba menos objetos.

TRANSPORTE Y ENERGÍA

La electricidad

162

¿Cómo se produce la electricidad?

➤➤ Es posible utilizar la fuerza del agua, del viento o los rayos del sol. El calor que se desprende cuando se quema carbón, gas o gasolina, también se puede transformar en electricidad. Además, se recupera la energía de una explosión nuclear. En algunos países desarrollados, la electricidad proviene de las centrales nucleares.

163

❶ La corriente de alta tensión sale de la central eléctrica. La corriente es transportada por cables muy gruesos suspendidos de unos postes. Las líneas de muy alta tensión son las que atraviesan las montañas, los campos, los valles. ¡Este tipo de corriente es muy peligrosa!

❷ Antes de llegar a la ciudad, un transformador disminuye la tensión de la corriente. Se convierte en corriente de baja tensión y es transportada mediante cables por las calles, luego a las casas o a los edificios.

❸ Dentro de la casa, la corriente pasa por un contador que permite calcular cuánta electricidad consume cada familia. El automático y el disyuntor detienen el paso de la electricidad en caso de peligro.

❹ Frecuentemente, el circuito eléctrico está oculto en los muros o en el suelo; distribuye la corriente a cada toma y a cada lámpara. Los interruptores permiten encender y apagar la luz a distancia.

❺ Actualmente, se instalan circuitos eléctricos que se activan con el movimiento. Desde el momento en que alguien se detiene frente a la puerta, se enciende la luz.

¿Lo sabías?
La energía nuclear plantea problemas, ya que sus residuos son peligrosos y no se sabe dónde almacenarlos. Hoy en día se buscan nuevas maneras de producir electricidad sin contaminar el planeta. Los aerogeneradores son grandes hélices que giran con el viento y producen electricidad. Los paneles solares, por su parte, permiten captar los rayos del sol. Se trata de energías renovables.

TRANSPORTE Y ENERGÍA

El combustible

❶ Los geólogos, especialistas en rocas, realizan investigaciones en el subsuelo. Algunos indicadores les señalan la existencia de petróleo en el subsuelo. Para verificarlo, es necesario excavar. Nueve de cada diez perforaciones se abandonan porque en ellas no se encuentra suficiente petróleo.

❷ Para buscar petróleo en el suelo, se realiza una perforación con un trépano. Es una herramienta que excava la tierra y las rocas mientras gira hacia abajo. Se encuentra en una torre de perforación, una especie de torre metálica que se halla sobre todos los pozos petrolíferos.

❸ Muchos yacimientos se localizan en las rocas que están bajo el mar. Es necesario construir la torre de perforación sobre una plataforma que se instala en el fondo del mar. Por ejemplo, en el mar del Norte, cerca de Gran Bretaña, hay algunas plataformas petrolíferas.

4 El petróleo se bombea y luego se transporta en tuberías, los oleoductos. También puede hacerse por barco, en buques petroleros. En su estado bruto, el petróleo no se puede utilizar, hay que transformarlo en una refinería para obtener gasolina.

167

5 Para que los componentes del petróleo se separen unos de otros, debe calentarse a 400 °C. La refinería produce combustible para los automóviles, queroseno para los aviones, gas para la calefacción de las viviendas y asfalto para construir carreteras. La transformación del petróleo también permite fabricar plástico, ropa, etcétera.

168

6 Las diferentes calidades de gasolina se transportan a las estaciones de servicio o gasolineras en camiones cisterna. El petróleo se vierte en un tanque subterráneo que alimenta las diferentes bombas de gasolina.

169

¿Lo sabías?
Al petróleo se le llama "oro negro" porque se trata de un producto muy caro. No se halla en todo el mundo y se busca con insistencia. Actualmente, casi todo procede de países de Oriente Medio, como Arabia Saudí o Kuwayt.

TRANSPORTE Y ENERGÍA

¿Cómo se hace un retrato?

¿Cómo se hace un libro?

¿Los pintores siempre pintan la realidad?

¿Cómo se hace un CD?

¿Cómo se realiza un programa de televisión?

¿Cómo se hace
la vida cotidiana?

Preguntas 170 a 213

El libro

170

❶ El autor escribe una historia. Cuando su texto está listo, se lo entrega a un ilustrador para que haga los dibujos. Luego, envían su proyecto a un editor en espera de que le guste.

171

❷ ¡Qué suerte! Al editor le ha gustado mucho la historia y quiere publicarla. El editor se reúne con el escritor y el ilustrador para discutir con ellos el proyecto. A menudo, sugiere cambios en el texto y en las imágenes.

172

❸ A partir de las ilustraciones en papel, una máquina llamada "escáner" crea imágenes digitalizadas. El maquetista coloca el texto y las imágenes en la maqueta del libro. Escoge una tipografía, es decir, un estilo de escritura para el texto.

❹ El impresor decide junto con el editor la calidad y el espesor del papel que se utilizará en el libro. Calculan el costo de producción del libro y establecen el número de ejemplares que se imprimirán.

T13

 ❺ A partir del archivo digital, se imprimen miles de hojas de papel que luego se plegarán, se coserán y se pegarán. Si miras bien tu libro, verás que las hojas están agrupadas en varios pliegos.

 T14

 ❻ Los libros se distribuyen a librerías, tiendas y grandes supermercados para que se vendan. Además, los compran las bibliotecas y se ponen a disposición del público.

¿Lo sabías?
Antes de que se inventara la imprenta, los libros se escribían a mano. Los monjes volvían a copiarlos y los ilustraban uno por uno. Era un trabajo largo. Con la imprenta, se elaboran varios libros simultáneamente y más rápido. Los libros se hicieron más comunes.

LA VIDA COTIDIANA

 T15

El cuadro

¿Cómo trabaja el pintor?

176

➤➤ Antes de comenzar a pintar, el pintor prepara su material: tensa un lienzo en un bastidor, prepara su pintura mezclando los pigmentos, es decir, colores en polvo con algo que los ligue, como la trementina. Luego, empieza a pintar. Puede pasar varios meses o incluso años con un mismo cuadro.

¿Cómo se hace un retrato?

177

➤➤ En primer lugar, el pintor elige la postura en que pintará a su modelo: de frente, de perfil, de espaldas. Cuando el modelo posa, ¡no puede moverse durante varios minutos! El pintor traza líneas, rayas o manchas que le sirven como puntos de referencia. Se necesita mucha práctica para hacer pinturas que se parezcan a los modelos.

¿Las pinturas siempre deben parecerse al modelo?

➤ Es impresionante que una pintura reproduzca tan bien la realidad como lo hace una foto. Sin embargo, quizá lo más importante no sea eso. ¿Conoces a Picasso, el gran pintor, que realizó retratos muy raros? Él no pretendía reflejar la realidad.

¿Un pintor siempre pinta la realidad?

➤ Durante muchísimo tiempo, los pintores representaron el mundo que los rodeaba: el rey, su mujer, sus hijos, paisajes, objetos. Hoy en día, algunos artistas realizan pinturas abstractas, es decir, no representan cosas reales. Pintan líneas, cuadrados, manchas de color.

¿Lo sabías?
Actualmente, los artistas abandonan la pintura para expresarse en otros soportes. Elaboran vídeos, instalaciones con objetos… En fin, buscan más libertad de la que proporciona el lienzo.

LA VIDA COTIDIANA

La escultura

➤➤ Los bajorrelieves egipcios se esculpieron en un fondo plano y se pintaron con colores. Se remontan a la época de los faraones y muestran la vida en el antiguo Egipto.

180

➤➤ Las esculturas en arcilla se modelaron en tierra húmeda. Para endurecerlas, hubo que cocerlas.

➤➤ Las esculturas en madera de la Edad Media se pintaban y se cubrían con un baño dorado. En general, representaban escenas religiosas.

182

➤➤ Los bronces

se realizan a partir de
una estatua de barro que,
a su vez, sirve para fabricar
un molde hueco de yeso
que se llena con una capa
de cera y luego con
un núcleo de barro.

El molde vuelve a cerrarse
y se calienta para que la
cera se funda y salga por
unos tubos colocados con
anterioridad. El espacio
entre el yeso y el núcleo
de barro se llena con
bronce fundido.

➤➤ *El David* de Miguel Ángel es una estatua de 4 m

de altura, esculpida en un bloque de mármol. Para tallar
el mármol, el escultor utiliza puntas y cinceles planos
que golpea con un mazo.

➤➤ Las esculturas de Tinguely se mueven y emiten

185

sonidos. Se crearon con materiales reciclados: cadenas
de bicicletas, piezas de tractores, poleas… Hasta
Picasso realizó una escultura ensamblando un asiento
y el manillar de una bicicleta.

¿Lo sabías?
Las grandes esculturas
por lo general son de
piedra, madera o barro,
aunque podemos
divertirnos realizándolas
con otros materiales: los
esquimales hacen estatuillas
con dientes de morsa y los
indios norteamericanos, con
espigas de maíz. En África se
mezcla madera, tela y metal.

**LA VIDA
COTIDIANA**

Los instrumentos musicales

186 **Para tocar, existe todo tipo de instrumentos.**

➤➤ **El violín** tiene cuatro cuerdas. El violinista lo sostiene con el hombro izquierdo y el mentón. Para tocarlo, fricciona las cuerdas con un arco, una varilla en la cual se tensan crines de caballo.

➤➤ **El violonchelo** se parece a un violín muy grande. El violonchelista lo toca sentado, sosteniéndolo entre sus piernas.

➤➤ **La guitarra** tiene seis cuerdas. El guitarrista las rasga y pellizca con los dedos.

➤➤ **El contrabajo** es aún más grande que el violonchelo. El contrabajista lo toca de pie. Los sonidos del contrabajo son muy graves.

➤➤ **El arpa** es muy grande. Tiene muchas cuerdas y pedales. El arpista la toca sentado, pellizcando las cuerdas con las dos manos.

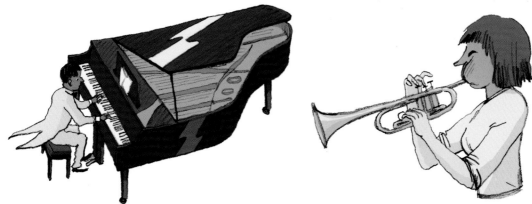

➤ Las cuerdas del **piano** se encuentran en su interior. Unos martillos pequeños las golpean cuando el pianista apoya sus dedos sobre las teclas.

➤ **La trompeta**, el trombón y la trompa son de latón. Para que suenen se sopla muy fuerte en las boquillas. Son instrumentos de viento.

➤ **El trombón** tiene un sonido más grave que la trompeta. Se sopla por la boquilla moviendo su vara móvil.

➤ **La trompa** es una especie de tubo enroscado sobre sí mismo. Se toca igual que la trompeta.

➤ **El clarinete**, el oboe y el fagot son de madera. El sonido que emiten es más suave.

➤ **La flauta** traversa es de metal, aunque antiguamente se hacía de madera.

➤ **La batería** consta de varios elementos: el bombo, los timbales, los platillos y el charlestón.

¿Lo sabías?
Los instrumentos se clasifican en tres grandes familias: los de cuerda (violines, piano, guitarra), los de percusión y los de viento, que incluyen las maderas (clarinete, flauta) y los metales (trompeta, trombón…).

LA VIDA COTIDIANA

Las orquestas

➤➤ En una **<u>fanfarria</u>** hay trompetas, trombones, saxofones y, con frecuencia, al menos un bombo.

➤ En un **grupo de rock** hay guitarras eléctricas y una batería.

➤ En una **orquesta de música clásica**, el director de orquesta dirige a todos los músicos; es "el que lleva la batuta".

¿Lo sabías?
Para que puedan tocar todos al mismo tiempo, los músicos de una orquesta siguen una partitura que indica qué notas deben tocar y durante cuánto tiempo. Si la nota está dibujada sobre una línea de arriba del pentagrama, es aguda; si está en una línea de la parte de abajo, es grave.

LA VIDA COTIDIANA

El estudio de grabación

188

❶ El estudio

➡ Para grabar, se debe ir a un estudio. Se trata de un lugar en el que no hay ningún ruido interno y se encuentra protegido de los ruidos exteriores. La sala de producción es el sitio donde están el ingeniero de sonido y todas las máquinas que permiten la grabación del disco.

189

❷ La toma de sonido

➡ Para captar el sonido, cada músico del grupo se encuentra completamente solo con su instrumento en una cabina aislada acústicamente que se comunica con las demás a través de cristales.

190

❸ La grabación

➡ Cada músico toca su parte frente a un micrófono y puede escuchar a los demás gracias a unos auriculares. Todos los músicos tocan al mismo tiempo las bases de la canción y luego graban por separado los arreglos: los coros, las partes suplementarias de la guitarra, del segundo violín, etcétera.

❹ La mezcla

➡ En la sala de producción, el ingeniero de sonido recibe los diferentes sonidos y los graba en pistas separadas. Luego, los mezcla, es decir, los combina y los coloca en el espacio sonoro. En el CD, se escucharán ciertos instrumentos a la izquierda, otros a la derecha, algunos serán fuertes, otros más débiles.

191

❺ El CD

➡ Los músicos pueden grabar varias veces su parte hasta que estén satisfechos con su ejecución. Cuando todas las canciones están listas, se graba el CD de referencia, el máster. Luego, del CD original se hacen muchas copias para distribuirlas en las tiendas de música.

192

¿Lo sabías?
En el pasado, los estudios se concebían para captaciones sonoras directas. Los cantantes y los músicos tocaban y cantaban al mismo tiempo y en una misma habitación. Hoy en día, los instrumentos casi siempre se separan y se graban en pistas diferentes.

LA VIDA COTIDIANA

Los dibujos animados

193

❶ El guionista escribe el guión: inventa la historia del dibujo animado. Imagina los personajes, escribe los diálogos, describe los decorados. Él decide cómo comienza la película y cómo termina.

❷ Tres o cuatro dibujantes trabajan sobre el guión gráfico, es decir, la traducción en imágenes del guión. Sirve como modelo para todas las personas que intervienen en la película. El guión gráfico contiene las indicaciones de acción, los diálogos e incluso los efectos de sonido.

❸ El director sigue todas las etapas de edición de la película. La creación de dibujos animados exige la colaboración de muchísimas personas.

❹ Los diseñadores realizan la composición de la película. Elaboran dos dibujos para cada gesto: la primera y la última imagen. La animación es justamente la que llenará los intervalos.

❺ Informáticamente se coloca la animación en todas las etapas de los gestos de los personajes. Las imágenes, al disponerse unas detrás de otras, darán la impresión de estar en movimiento. Si el trabajo no está bien hecho, los gestos se verán entrecortados.

❻ En una computadora, los personajes en movimiento se disponen sobre el decorado. Luego, los diferentes momentos de la película se ponen en orden. Se trata del montaje, que también se realiza en PC.

❼ Los actores graban las voces de los personajes en un estudio de grabación. Después, se añaden todos los ruidos: los motores de los vehículos, la caída de las ollas, las puertas que se cierran de golpe. Éstos son los efectos sonoros. Se puede añadir música a los dibujos animados.

¿Lo sabías?
Los dibujos animados antiguos, como *Blancanieves*, no se digitalizaban.
Los dibujantes debían realizar cientos de imágenes que descomponían cada etapa del movimiento.

LA VIDA COTIDIANA

El estudio de televisión

➤➤ La sala de producción está cubierta de pantallas de televisión con las imágenes que filma cada cámara.

➤➤ El asistente de dirección recibe a los invitados y verifica que todo esté listo. Los invitados tienen que maquillarse antes de subir al estudio; su piel no debe brillar bajo la luz de los proyectores.

➤➤ Los cámaras o camarógrafos dirigen las cámaras siguiendo las órdenes de la dirección. Los operadores de sonido se ocupan de los micrófonos que tienen unos bastones para poder grabar el ruido ambiente del estudio. Todos los técnicos llevan auriculares para escuchar las órdenes del director que decide los movimientos de la cámara.

➤➤ El regidor (*floor manager*) indica cuándo comienza el programa. Durante la emisión, informa al presentador el tiempo que le queda para dar toda la información prevista. Se la pasa moviendo carteles en el aire con el número de minutos restantes.

➤➤ El presentador formula preguntas a los invitados y anuncia los reportajes. Puede ver el texto que tiene que decir en una especie de pantalla que el televidente no llega a ver.

¿Lo sabías?
Una emisión de 60 minutos implica varias horas de preparación. Muchas personas trabajan en ella, sin que las veamos en la tele. Cuando se realiza la filmación, todos los que están en el estudio y en la sala de producción saben lo que tienen que hacer.

LA VIDA COTIDIANA

Los periódicos

❶ En la sala de redacción, el jefe de redacción y los periodistas discuten los temas que no pueden dejarse de lado. La semana próxima la reina de Inglaterra festejará su cumpleaños. Una periodista y un fotógrafo cubrirán el evento.

195

196

❷ La periodista asiste a la rueda de prensa que la reina ofrece a los periodistas del mundo entero. Toma notas en su libreta, mientras el fotógrafo retrata a la reina desde todos los ángulos posibles.

197

❸ En el tren que los lleva de regreso a su país, la periodista comienza a redactar el artículo. Antes de regresar, hizo algunas preguntas a los ingleses: "¿Ustedes quieren mucho a su reina?", "¿Su cumpleaños representa un momento importante para ustedes?".

❹ La periodista entrega su artículo. El ayudante de redacción lo lee y corrige las faltas de ortografía. Elige un título y una entrada que inviten a seguir leyendo. Se ocupa, además, de estructurar el artículo para que aparezca en la página: se publicará en dos columnas con una foto abajo.

198

❺ Ya es de noche, el periódico se envía a la imprenta. Las hojas impresas salen de máquinas enormes y luego se doblan. Hay que acabar durante la noche para que esté listo la mañana siguiente.

199

❻ Muy temprano por la mañana, los camiones entregan los periódicos en los quioscos o directamente en los buzones de los suscriptores.

200

¿Lo sabías?
En Iberoamérica, los primeros diarios se llamaban "hojas volantes". Se trataba de páginas sueltas en las que se narraban sucesos relevantes, ocurridos por lo general en Europa.

LA VIDA COTIDIANA

El boletín meteorológico

201

❶ Las estaciones meteorológicas se encuentran repartidas por todo el mundo. Registran la temperatura, la cantidad de lluvia, la velocidad del viento, la humedad del aire, con la ayuda de instrumentos de medición muy precisos.

202

❷ Los satélites (*GOES 12* en América y *Mediasat* en Europa), están en órbita en la atmósfera. Cada media hora, ofrecen imágenes del estado del tiempo. Esto permite seguir el desplazamiento de las bandas de nubes.

203

❸ En el Servicio Meteorológico, los meteorólogos se relevan día y noche. Se encargan de pronosticar el clima para las próximas horas y de poner en funcionamiento una alerta en caso de desastres meteorológicos (tormentas, inundaciones…).

❹ Los especialistas en pronósticos meteorológicos utilizan un paquete informático que realiza miles de operaciones a partir de los datos facilitados por los instrumentos de medición. Con ello se obtienen unos pronósticos en forma de mapas que luego son revisados por los especialistas.

204

 ❺ Los centros meteorológicos locales permiten ajustar los pronósticos generales en función de las regiones. Las grandes ciudades, las regiones montañosas y las costas tienen fenómenos meteorológicos muy particulares.

205

 ❻ El presentador de televisión prepara su boletín con la ayuda de los datos del Servicio Meteorológico Nacional. Su trabajo no es realizar pronósticos sobre el clima, sino explicarlos a los telespectadores.

¿Lo sabías?
El presentador del estado del tiempo habla sobre un fondo completamente azul. El mapa cubierto de dibujos del sol y de las nubes que ves en la televisión, sólo aparece en la pantalla. Como referencia, el presentador debe mirar su imagen en el monitor de televisión que está frente a él.

LA VIDA COTIDIANA

206

Los bomberos

207 ❶ En muchas poblaciones, siempre hay bomberos de guardia. Cuando no hay ninguna alerta, practican deporte, hacen ejercicio, revisan los vehículos, y se aseguran de que el equipo esté completo.

208

❷ Alguien marca el número de los bomberos para alertarlos de un incendio. El bombero que recibe la llamada solicita toda la información necesaria. Otro de los bomberos mira en un plano el itinerario que deben seguir para llegar lo más rápidamente posible.

209

❸ Cuando suena la sirena, los bomberos están listos en menos de un minuto. Se deslizan por una barra hasta la planta inferior. Se ponen su uniforme, su casco y se suben al camión, que pone en marcha la sirena.

❹Los bomberos llegan al lugar. Dos de ellos conectan las mangueras a las cisternas de los coches-bomba que transportan 2 000 litros de agua. Otros dos bomberos echan agua al edificio para apagar las llamas.

❺Se despliega la inmensa escalera para llegar a los diferentes pisos del edificio. Un bombero maneja la canastilla con una palanca y ayuda a las personas que están envueltas en llamas a salir por las ventanas. Los heridos reciben primeros auxilios y son trasladados al hospital.

❻La canastilla también puede ser utilizada para combatir el incendio. Los uniformes de los bomberos se fabrican con materiales muy resistentes al calor. El humo de los incendios es peligrosos, los bomberos se protegen con una máscara conectada a un tanque de aire.

210

212

¿Lo sabías?
Los bomberos no sólo extinguen incendios. También se recurre a ellos para ayudar a las víctimas de los accidentes de carretera o en caso de inundación.

211

LA VIDA COTIDIANA

125

El hospital

213

➤➤ En la habitación, el enfermo debe permanecer acostado en su cama. Recibe la visita de sus familiares que le hacen compañía. Si se siente mal, un timbre que está a su lado le permite llamar a una enfermera, incluso durante la noche.

➤➤ En la sala de esterilización, los instrumentos pasan por máquinas que están a una temperatura muy elevada para matar todos los microbios.

➤➤ La farmacia del hospital cuenta con todos los medicamentos que necesitan los médicos y las enfermeras.

➤➤ En los servicios de urgencias, una secretaria recibe a los enfermos y a los heridos y rellena una ficha de admisión. Los médicos atienden de manera prioritaria a los más graves.

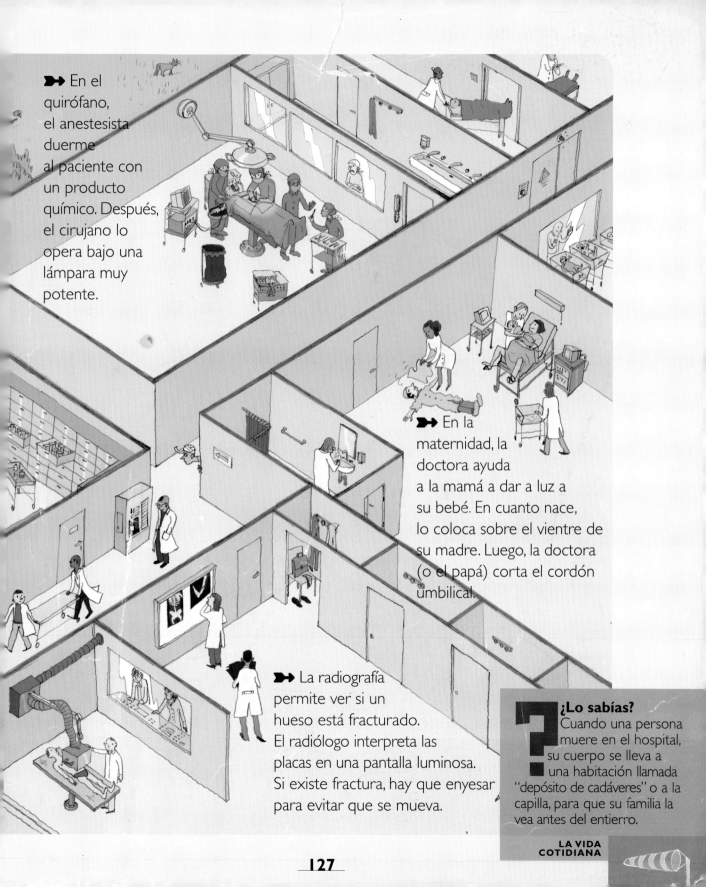

En el quirófano, el anestesista duerme al paciente con un producto químico. Después, el cirujano lo opera bajo una lámpara muy potente.

En la maternidad, la doctora ayuda a la mamá a dar a luz a su bebé. En cuanto nace, lo coloca sobre el vientre de su madre. Luego, la doctora (o el papá) corta el cordón umbilical.

La radiografía permite ver si un hueso está fracturado. El radiólogo interpreta las placas en una pantalla luminosa. Si existe fractura, hay que enyesar para evitar que se mueva.

¿Lo sabías?
Cuando una persona muere en el hospital, su cuerpo se lleva a una habitación llamada "depósito de cadáveres" o a la capilla, para que su familia la vea antes del entierro.

LA VIDA COTIDIANA

¿Qué es un metal?

¿Cómo se forman las nubes?

¿Cómo se forman las grutas?

¿Por qué brilla el Sol?

¿Qué hay en la semilla?

¿De qué están hechas la Tierra y la vida?

Preguntas 214 a 245

El Sol y la Tierra

¿Por qué brilla el Sol?

214

➤➤ El Sol es una estrella y, como tal, es una bola de gas que se encuentra a una temperatura elevadísima. Los gases se agitan y se calientan. Están más calientes en el centro que en la superficie. Esto crea movimientos de calor que se irradia y hace que veamos brillar el Sol, por eso ilumina y calienta la Tierra.

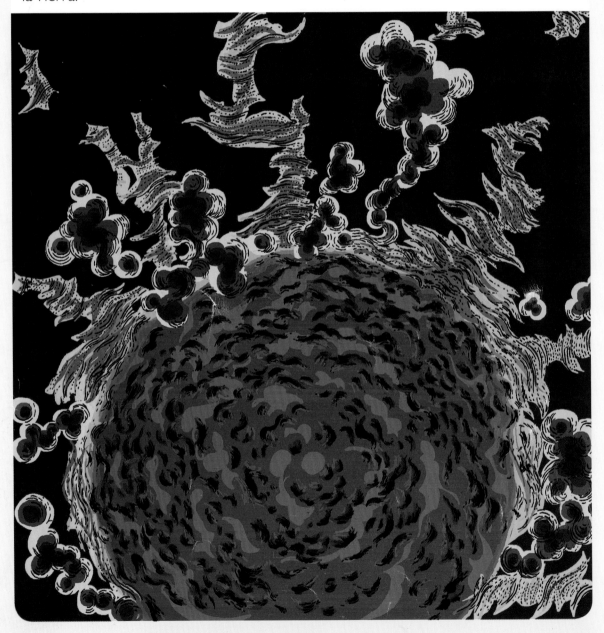

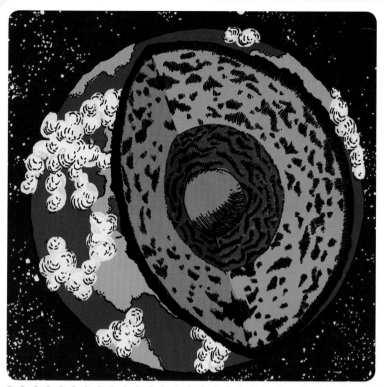

¿De qué está hecha la Tierra? **215**

➤➤ La Tierra está formada por varias capas de rocas. Nosotros vivimos sobre la corteza sólida que la envuelve y está compuesta por rocas duras: es la corteza terrestre. Debajo, en el manto, hace mucho calor y las rocas son blandas y están hirviendo. En el centro mismo del planeta, hay un núcleo de hierro líquido en el exterior y sólido en el interior.

¿Cómo apareció la Tierra?

➤➤ Los sabios piensan que la Tierra se formó hace… 4 500 millones de años. El polvo, los asteroides y los gases que llegaron del espacio se atrajeron mutuamente y conformaron una bola. Los elementos más pesados se reunieron en el centro. Los más ligeros, los gases, rodearon la Tierra y formaron la atmósfera, que es el aire que nos permite respirar.

216

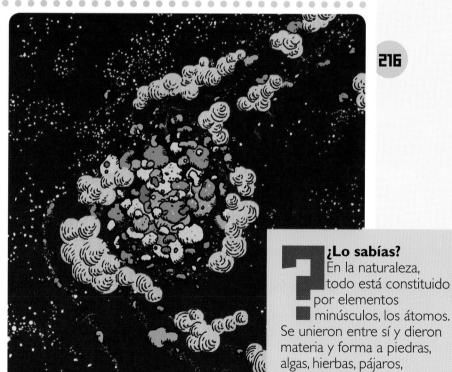

¿Lo sabías?
En la naturaleza, todo está constituido por elementos minúsculos, los átomos. Se unieron entre sí y dieron materia y forma a piedras, algas, hierbas, pájaros, árboles…

LA TIERRA Y LA VIDA

El agua

¿Qué es el agua?

277

➡ El agua es un líquido. El agua pura no tiene color, olor, ni sabor.
Sin embargo, en la naturaleza, la que se encuentra con mayor frecuencia es el agua salada, la de los mares. El agua cambia de estado según la temperatura. Por debajo de los 0 °C, se vuelve sólida, hielo. Con el calor, se transforma en gas, en vapor. El aire que nos rodea contiene vapor de agua, aunque no lo veamos.

¿Cómo se forman las nubes?

218

➡ Con el calor del Sol, el agua de los océanos y de los lagos se transforma en vapor. El aire caliente cargado de vapor de agua se eleva a las alturas, donde se enfría. Al enfriarse, vuelve a transformarse en gotas minúsculas que se adhieren a partículas de polvo muy finas que se acercan entre sí: es la nube.

¿Por qué llueve?

➤➤ En un principio, las gotas de agua de la nube son tan pequeñas que pueden ser transportadas por el aire. Cuando unas gotas se encuentran con otras, se vuelven más pesadas y comienza a llover. Se necesita alrededor de un millón de pequeñas gotas para formar una gota de lluvia.

¿De dónde viene el agua de los ríos?

➤➤ En la cima de las montañas llueve o nieva. Una parte del agua de lluvia y de la nieve cuando se derrite se escurre y se forman pequeños arroyos que luego se convierten en torrentes. El torrente desemboca en afluentes que, a su vez, van a parar al río. Luego, éste sigue su curso hasta el mar.

¿Lo sabías?
La superficie del agua forma una especie de piel. Gracias a ella, los insectos de los charcos pueden andar sin hundirse. Esa piel también retiene durante un momento el agua como si se tratara de una bolsa y forma una gota.

LA TIERRA Y LA VIDA

Las montañas

221

¿De dónde proceden las montañas?

➼ La corteza terrestre está formada por 10 grandes placas que se mueven debido al efecto de los movimientos que se producen en el interior de la Tierra. Las montañas aparecieron cuando las placas chocaron entre sí o se superpusieron una sobre la otra.

222

¿La corteza terrestre sigue moviéndose?

➼ Los Alpes y los Pirineos son montañas jóvenes; sin embargo, datan de varios millones de años. Pero las placas de la corteza terrestre siguen desplazándose algunos centímetros cada año. Estos movimientos originan los terremotos y las erupciones volcánicas.

223

¿Cómo se forman las grutas?

➡ Las rocas calcáreas son permeables. El agua penetra en la roca y disuelve las capas calcáreas que se encuentran en el interior. Así se crean las grutas. Los corredores, las galerías y las cuevas se forman por la circulación del agua y la disolución de las capas calcáreas a lo largo de fisuras importantes.

224

¿Cómo se forman las estalactitas y las estalagmitas?

➡ Las estalactitas caen, tienen la punta hacia abajo, y las estalagmitas suben, su punta está hacia arriba. Se forman de manera muy lenta con el agua que chorrea en las grutas y se carga de caliza. Una estalactita siempre tiene una estalagmita como contraparte: las columnas se forman cuando se unen una estalactita y una estalagmita.

¿Lo sabías?
La mayor cadena montañosa del planeta se encuentra bajo el agua. Rodea la Tierra y atraviesa el océano Atlántico, el océano Índico y el Pacífico. Las cumbres de esta cadena montañosa emergen del agua y forman islas como Islandia o la Isla de Pascua.

LA TIERRA Y LA VIDA

Los volcanes

225

❶ Bajo la corteza terrestre las rocas del manto están a elevadas temperaturas, pero la presión impide que se fundan. En lugares raros, se forman bolsas de magma líquido.

❷ El magma líquido es más ligero que las rocas que lo rodean. Se aprovecha de los movimientos internos del manto para subir hacia la superficie terrestre. Se acumula en una cámara magmática.

❸ Cuando se produce una erupción volcánica, el magma sube por el interior de la chimenea del volcán hasta la superficie, y el volcán comienza a arrojar lava, aunque a veces también lanza pedazos del volcán, cenizas y humo.

❹ Los ríos de lava se solidifican poco a poco y forman una nueva capa de rocas. Cuando la lava está líquida, se escurre en decenas de kilómetros. Cuando se vuelve más viscosa, forma tapones y el volcán explota de manera brutal. La piedra pómez es una piedra volcánica. En su interior tiene aprisionadas burbujas de gas y, como consecuencia, flota.

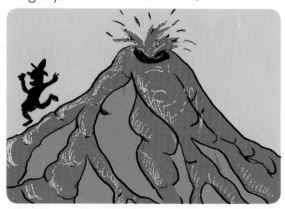

¿Todos los volcanes son iguales?

➤➤ En función de su consistencia, la lava sale del volcán de distintas maneras. Existen tres tipos fundamentales de erupciones volcánicas: con ríos de lava líquida (1), la que se acompaña de una enorme nube de cenizas y de gas (2), y la explosiva (3) que es de lava viscosa y mucho gas.

¿Todos los volcanes son peligrosos?

➤➤ Los volcanes más peligrosos son aquellos que explotan y la gente no tiene tiempo de escapar. Las nubes de gas también pueden ser peligrosas porque intoxican el aire.

¿Lo sabías?
Al observar el mapa del vulcanismo mundial, México, Centroamérica y la zona andina son los puntos de mayor actividad vulcanológica. En México hay 16 volcanes potencialmente activos, en Centroamérica 24 y en los Andes 50.

LA TIERRA Y LA VIDA

137

Las piedras, los fósiles y los metales

228

¿Acaso todas las piedras son duras?

➤➤ No, la arcilla que sirve para hacer vasijas, es una piedra blanda. La creta es una piedra que se pulveriza fácilmente. El petróleo es líquido. Incluso los grandes peñascos que se encuentran a la orilla del mar se erosionan muy lentamente por la acción del agua. La piedra más dura es el diamante.

229

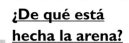

¿De qué está hecha la arena?

➤➤ La arena está compuesta por pequeños granos de una vieja piedra que se fue erosionando paulatinamente debido a la acción del agua. La mayoría de los granos de arena son claros y brillantes porque tienen cuarzo. Sin embargo, si la piedra es negra, la arena será negra. En ella se mezclan conchas pequeñísimas.

230

¿Qué es un fósil?

➤➤ Un fósil es el resto o la huella de un animal o de un vegetal que vivió hace mucho tiempo y que se incrustó en una roca. En general, cuando un ser muere, se descompone por completo. Es muy raro que una parte dura, como los huesos o los caparazones, se fosilice. Y todavía es más raro que una hoja o una flor puedan fosilizarse.

¿Qué es el metal?

➡ Algunos metales como el oro, la plata o el cobre se encuentran en estado puro bajo la forma de pepitas, pero la mayoría de los metales, como el hierro, el aluminio, o el cobre se encuentran en el interior de las piedras. Cuando una piedra contiene mucho metal se llama "mineral".

231

¿Cómo se extrae el mineral?

➡ En las minas se hacen estallar los minerales. Cuando las rocas se encuentran cerca de la superficie es una tarea sencilla: se excava y se hace estallar la roca. Pero cuando están sepultadas en la profundidad de la tierra, entonces se complica: hay que excavar túneles y galerías.

232

¿Lo sabías?
Existen cuatro piedras preciosas: el diamante, que es transparente; la esmeralda, de color verde; el zafiro, azul y el rubí, que es rojo. Son los cristales que se encuentran en el interior de otras piedras. El color rojo de los rubíes se debe a la presencia de cromo; el azul del zafiro, al hierro.

LA TIERRA Y LA VIDA

El árbol

233

¿Cómo se hace un árbol?

➡ Un árbol es una planta grande. Sus raíces le permiten obtener el agua y los nutrientes procedentes del suelo. Su tronco y sus ramas, por los cuales circula la savia, aportan el alimento a todo el árbol. Sus hojas captan la energía del Sol y le permiten respirar.

234

¿Qué hay en la semilla?

➡ La semilla contiene la plántula (la futura planta), una envoltura que la protege y los cotiledones (reservas de alimento). Cuando la semilla se encuentra en el suelo húmedo, crece y la envoltura que la cubre se rompe. Se dice que la planta ha germinado cuando aparece una raíz pequeña, brota un tallo y aparecen las dos primeras hojas.

235

¿Los árboles se desplazan?

➡ No, pero cuentan con los medios para esparcir sus semillas: el ave se come la cereza y desecha el hueso junto con su excremento un poco más lejos; el viento arrastra la semilla del tilo, que se parece a un helicóptero; el cuervo de los robles esconde las bellotas de roble en el suelo para guardar sus provisiones.

¿Por qué los árboles pierden las hojas en otoño?

➤ En invierno, hace frío y no hay mucha luz, entonces, los árboles descansan. En otoño, cuando llega el frío y las jornadas se vuelven más cortas, la circulación de la savia se hace más lenta por el tronco del árbol y las hojas se caen.

236

¡No todos los árboles pierden sus hojas!

➤ Todos los árboles frondosos como el roble, el castaño y la haya pasan el invierno desnudos (tienen hojas caducas). Los árboles resinosos como los pinos o los abetos conservan sus hojas durante el invierno: son pequeñas y gruesas para poder resistir el frío (hojas perennes).

237

¿Lo sabías?
Los árboles también envejecen y mueren. Algunos viven mucho tiempo, como las secuoyas, que pueden llegar a los 3 000 años de edad. En México, en el estado de Oaxaca, el Árbol del Tule tiene más de 2 000 años.

LA TIERRA Y LA VIDA

De la flor a la fruta

238

❶ La mayoría de las plantas se reproduce gracias a sus flores. Al resguardo de los pétalos, se encuentran los órganos sexuales. El pistilo es el órgano femenino y los estambres son el masculino.

❷ La mayoría de las veces, los insectos son los que aseguran la reproducción de la planta. Se sienten atraídos por el color de las flores, por su aroma y por su néctar endulzado. Los mismos insectos siempre liban la misma especie de flores.

❸ Los estambres están cubiertos de polen en el momento de la reproducción. Cuando el insecto se posa en la flor para libar el néctar, los granos de polen se pegan en sus patas. El insecto los deposita en el pistilo de otras flores de la misma especie.

❹ Los granos de polen constituyen las células masculinas. Penetran en el pistilo y se encuentran con las células femeninas: los óvulos. Este encuentro da como resultado una o varias semillas. Cuando la flor se fecunda, sus pétalos se caen.

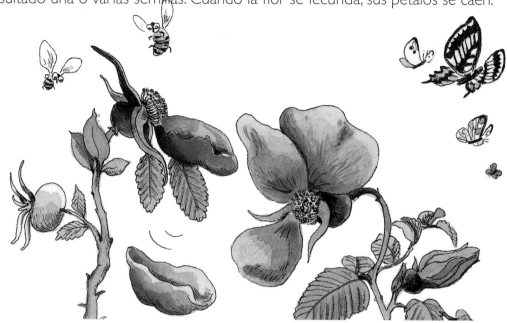

❺ En los árboles frutales, el pistilo que rodea la semilla se transforma en fruto. Esto genera cerezas en el cerezo, manzanas en el manzano o limones en el limonero. La semilla crece. Está protegida con una cáscara dura, el hueso o la vaina de las pepitas.

¿Lo sabías?
Algunas plantas no se reproducen mediante flores o semillas. La menta tiene unos tallos larguísimos que generan otros pies de menta con nuevas raíces. La papa o patata no procede de una semilla, sino de un tubérculo, pero también puede dar lugar a una nueva planta.

LA TIERRA Y LA VIDA

Los bebés de los animales

239

¿Por qué todos los animales tienen hijos?

➤➤ Es una gran ley de la naturaleza: todos los seres vivos se reproducen. De esta manera, su especie sigue existiendo.

La reproducción varía de un animal a otro, pero las especies pequeñas generalmente nacen de huevos.

240

¿Cómo nace un pez?

➤➤ En el caso de los peces, la hembra pone millones de huevos pequeñitos y muy blandos.

El macho los fecunda con su lecha y se quedan en el agua. De todos esos huevos, muchos serán comidos, pero otros originarán alevines, los bebés de los peces.

¿Cómo nace un pollito?

➤➤ Para que nazca un pollito, es necesario un macho, el gallo, y una hembra, la gallina. Éstos se aparean y se forma un pollo en el interior del huevo. En el caso de las aves, la hembra pone los huevos y los incuba. Los pequeños se desarrollan en el calor, muy protegidos por la cáscara. Cuando los pollitos están listos, rompen la cáscara con su pico.

241

¿Cómo nace un cachorro?

➤➤ En el caso de los mamíferos, el macho, el perro, y la hembra, la perra, se aparean. Se forman pequeños huevos que se transforman y crecen en el vientre de la mamá. Los cachorros nacen al cabo de nueve semanas. Se amamantan de su madre.

242

¿Lo sabías?

No todos los animales se hacen cargo de sus bebés. Los huevos de los peces o de las ranas se quedan en el agua; la tortuga marina pone sus huevos en la playa y, por suerte, sus hijos son capaces de arreglárselas solos. Cuando los bebés de algunos animales no pueden sobrevivir por sí mismos, los dos padres o la madre se ocupan hasta el momento en que hayan crecido.

LA TIERRA Y LA VIDA

243 ❶ Una mariposa deposita sus minúsculos huevos sobre una hoja. En ellos, hay pequeñas orugas que se están desarrollando. Al cabo de un rato, las orugas picotean el huevo y salen. No se parecen en nada a sus papás mariposa.

❷ La oruga se desplaza por las plantas con sus ventosas. Se pasa todo el tiempo comiendo hojas. Crece y engorda rápidamente, al grado que su piel le queda demasiado justa y debe cambiarla: es la muda de piel.

❸ La oruga sigue alimentándose y creciendo. Debe cambiar de piel varias veces. Finalmente, deja de comer y se adhiere sólidamente con un hilo de seda a una hoja. Allí pasará el invierno.

❹ La oruga no se mueve ni un ápice y su piel se endurece y se seca. Esto genera un pequeño capullo. En su interior, la oruga cambia de forma muy lentamente hasta convertirse en crisálida.

❺ En primavera, la transformación concluye. La mariposa sale de su capullo con las alas húmedas y arrugadas; se secan de inmediato. Dos horas después, la mariposa puede levantar el vuelo.

¿Lo sabías?
En el caso de los insectos, a veces los hijos no se parecen en nada a sus papás. Para convertirse en un adulto, las larvas o la oruga se transforman. Sucede lo mismo con las ranas, que ponen huevos de los que salen renacuajos negros y sin patas. Poco a poco, se transforman en ranas: aparecen las patas y desaparece la cola.

LA TIERRA Y LA VIDA

Los humanos, ¡seres "aparte"!

244

❶ Los primeros humanos aparecieron en África, hace dos millones y medio de años. Los sabios los llaman *Homo habilis*, que significa "hombre hábil", porque sabían fabricar herramientas con piedras.

❷ Hace 500 mil años los *Homo erectus* lograron hacer fuego. Esto les permitió cocinar sus alimentos y alumbrarse. Más tarde, los *Homo sapiens*, los "hombres sabios", utilizaron los colmillos y los huesos de los mamuts para construir sus refugios. Con la piel de los renos, confeccionaban su ropa. Los tendones servían de hilo y las agujas se tallaban en los huesos.

❸ Poco a poco, los hombres prehistóricos lograron hacerse más sociables y comenzaron a domesticar animales salvajes. Empezaron a cultivar semillas para la alimentación, como el trigo y la cebada. La cría de animales y la agricultura les permitió tener más alimentos. Entonces se instalaron en pueblos.

4 Gracias a su inteligencia, los humanos inventaron nuevos materiales y pudieron fabricar objetos cada vez más complicados. Gracias al teléfono podemos hablarnos a distancia, desplazarnos por el aire gracias a los aviones y grabar imágenes y sonidos con una cámara. ¡Ha sido una gran evolución desde la prehistoria!

5 Sin embargo, hoy como ayer, todos los objetos se hacen a partir de materias primas (la madera, la piedra, la tierra, el petróleo, el gas…) que los humanos toman de la naturaleza. El problema es que siempre se quieren fabricar más cosas. Y, si seguimos así, ¡acabaremos con la Tierra rápidamente!

¿Por qué los humanos son seres "aparte"?

Los pájaros construyen sus nidos con ramas o con lodo. Los chimpancés atrapan las termitas con un palo. Pero los humanos son los únicos que tienen que fabricar herramientas complicadas y que deben transformar las materias primas que los rodean.

¿Lo sabías?
Los humanos no aparecieron en la Tierra de golpe. Como todos los animales, son el resultado de miles de transformaciones: es lo que llamamos "evolución". Los humanos y los monos tienen un antepasado común que vivió hace más de 5 millones de años.

LA TIERRA Y LA VIDA

ÍNDICE

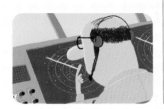

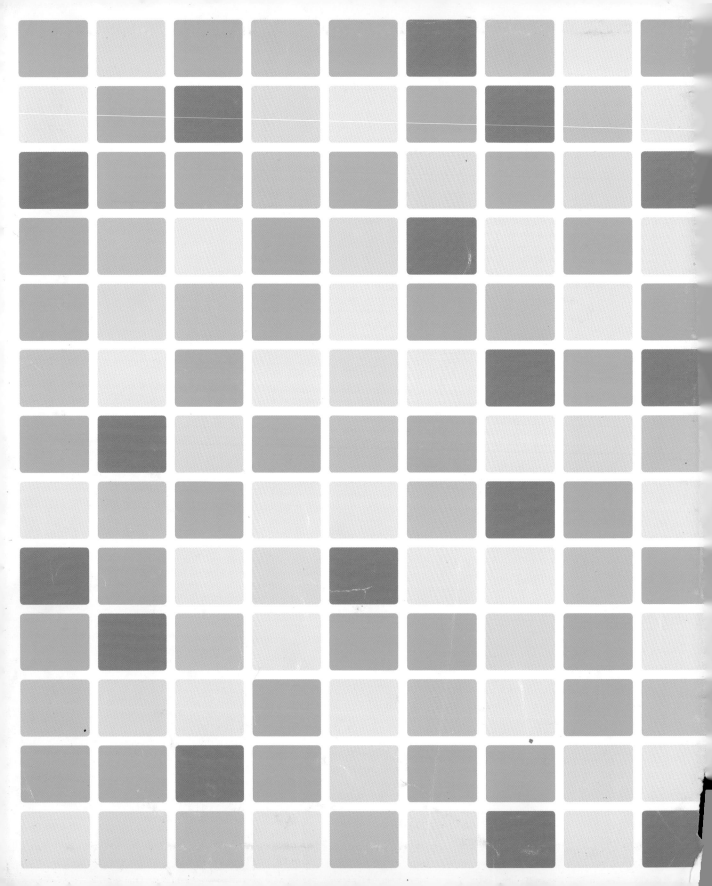